Wilhelm Bartsch
Hohe See
und niemands Land
Gedichte

Wilhelm Bartsch

Hohe See

und niemands Land

Gedichte

Wallstein Verlag

Farewell! thou art too dear for my possessing
William Shakespeare, 87th sonnet

I

Farewell! du bist mir, Liebste, mehr als teuer,
Nimmst du *mein Eigentum* als deins, mein Stern.
Du warst wie hohe See mir nie geheuer
Und noch beim Lieben wie der Mond so fern.
Zwar hab ich, was du gabst, noch abgezwungen
Deinem so süßen, unwegsamen Leib
Und bin zu oft tief in dich eingedrungen,
Frau Welt, nicht nur aus Gier und Zeitvertreib.
Soll ich mit dir im Sturm wie Lear noch tanzen,
Bis du mein Werk und mich zerbrichst zuletzt?
Schon hast du mir den Virus der Bilanzen
Als Krone der Erschöpfung aufgesetzt.
Hochfuhr ich aus dem Traumreich der Aufmotzer
Als König zwar, doch König der Schmarotzer.

Wir fahren *gen Ginnungagap*
– vom Frost eisweißer Nacht zerrissene Meute.
Nichts beugt ins Joch uns und bald stößt hinab
das Drachenschiff und packt die Abgrundbeute.

Seht windstoßschnell ein Birkenblatt auf Eis!
So leicht fahrn hinter virtuellen Schilden
wir hin, wo Gott nichts will und Mann nichts weiß,
die Axt ins Herz zu hauen Höllen und Gefilden.

Frau Sonne steht – und eilt auch – in der Nacht
und dehnt ins Jenseits unsere Schattenlanzen,
die nur das Treibeisfeld noch knickt, und lacht,
weil wir mit ihr hier statt mit Ymir tanzen.

Frau Hölle droht mit Strohtod, doch der Stolz
Läßt uns selbst noch als kalte Lederleichen
so siegreich rudern, unser Ruderholz
tönt kühn nach Skalli-Wolf und Sonnescheuchen.

Da hängen wir den Höllenhund noch ab,
game over, Garm, du hast nichts mehr zu lachen!
Auf dieser ganzen Reise bis zum Gap
zieht nicht mal eine Flechte mit dem Drachen.

Auf nach Ginnungagap!
mit Ger und Mac vom Eismeer nach Kopfunter!
Wir bleiben Sieger noch im Abgrundgrab!
Weltendes Kälte macht uns gerade munter!

Olu-olulu – *böse Geister*
bauten Stallo ein Boot
olulu – und darin
fuhr er zum Eismeer
olu-olulu
da wartet der schreckliche Wal
Wie lange hält sich sein eisernes Boot
auf dem Mahlstrom der Frische
wohin denn treiben sie alle die
ankerlos eisigen Berge erzähl uns
von Stallo von Tirpitz dem Gabeleisbart
erzähl uns vom Schlachtschiff
vom Einsamen Wolf erzähl
von unsern kieloben treibenden Bergen:
Sie kehren die Hölle Rotaimo noch um
saugen das Mark aus unseren Bergen
das Eisen vom Gällivare-Distrikt
und Petsamos Nickel sie schütten
sonneverdeckend hoch in den Himmel
Kirunas die Leben und Tod verkehrende
Halde – so dass der tiefste Totenstein
von Rotaimo schließlich ganz oben
sein höllisches Auge aufschlägt
im Abend des wütenden Woden
Olu-olulu – Stallo verrückte
den Zauberstein nachts
olulu – am Morgen
war der Stein wieder da
olu-olulu
doch Stallo lag wie erschlagen
Er setzte sich selber die Darmleier an
bis an die Ruhr tief im Süden
kroch die schwarze die lodernde Schlange
um niederzukochen das krachend zerkaute
das erzene Schulterblatt Lapplands
das heilige Feld mit Zaubersteinen
und Weiden und Flechten und Moosen –

du siehst in die Ferne du ausgegrabene
Augen öffnende Trommel:
Geisterhaft wie ein Flugbild
verfließt dort der Wald der Geweihe
Erzähl weißes Kalbsfell im Klangbirkenkreis
erzähl von der »Tirpitz«: Sie nennt sich
die Königin und ist doch ein haltloser Berg
die umgeschmolzene Schulter von Lappland
die schießende Stahlstadt
noch weit vom Polarkreis hörst du sie schon
das Eismeer hat Ohren für Ferne:

Stallo ritt durch den Mahlstrom
schlug auf die Kruppe aus Stahl
olulu – und er schepperte
mit den Wotanplatten
olu-olulu
runter nach Rotaimo

Allein dass er da ist wie lautlos
unter der Zinne des Nordlichts
versenkt die Konvois lässt wachsen
ein blutiges Eis bis nach Moskau
Wie ist zu jagen zu töten und zu erlösen
der schnürende Berg der verhexte Siëide
erzähl uns das – uralte Trommel
dein Hammer ein Walbeinrelief
da spüren die arktischen Jäger
die Küsten die Bucht unterm Daumen:
Da ist er da dreht ihn herum
wie im Leib sonst der Samii Herz
Legt ihn aufs Kreuz – wie Eisberge
donnernd und dümpelnd sich umdrehn
von einem Wort des Schamanen
verkehrt sich das stählerne Wesen
und wälzt die Walhalle samt Zeitung
Zahnarzt Büchern und Bomben sich um
So kehrte er heim unser Berg
treibt auf Rotaimo – olulu – kieloben

Voi-voi – tsi-tsiii – Stallo fuhr nordwärts
wurde kleiner – noch kleiner
olulu – als Sonne und Mond
viel kleiner als der Polarstern
voi-voi – in einer
Walfischbarte des Nordlichts

Gönn ich mir diesen Sommer noch und schreibe
Von Shakespeare ab, dem Prospero des Glücks?
In Form zu bleiben, *Shakespeares Form*, vertreibe
Ich denn mit solchem Sturm die Zeitgeisttricks?
Bin ich wie Caliban, der in mir wohnt,
Von niemands Land, das, kaum besetzt, laut schreit?
Geh ich wie Ariel hoch, wo niemand thront?
Mein Requiem, komm – und falle aus der Zeit.
Farewell, du Welt! Als Stern noch bleib und scheine,
Nicht dir zieh ich die Seuchenflagge hoch.
Ich werfe die im Kreis erschlaffte Leine
Der zu, die liebenslang schon mit mir zog.
Zur hohen See, zu niemands Reede hin,
Da liegen Shakespeare – Dante – Hölderlin –

Du hörtest, dass ich's war, an meinem Schritt
Noch hinter dir und nach so vielen Jahren.
Auch du gingst ja für immer mit mir mit,
Ich wusste es auf einmal mit den Haaren.
Waren wir denn so unlösbar verknüpft,
Als hätte nicht die Zeit das Band zerrissen?
Ein Kind der Zeit war ich, das springt und hüpft
Es fiel mir sogar leicht, dich zu vermissen,
Ich nahm dich tief in mir wohl nicht mehr wahr.
Glück, blinder Passagier dort im Versteck,
Auf hoher See erst wird es offenbar:
Dein Steuerrad, mein Schritt an Deck.
Doch wer zur See fährt, hofft auch, dass er landet,
Dass Liebe Liebe bleibt, noch wenn sie strandet.

Gottgleich brummt *Brendans Feld*, die hohe See,
so frisch ringsum und atmet querfeldein
auch über dieses namenlose Weh.
Wir gingen, Liebste, wie durch das Gebein
Untoter, durch Koronen von Verdorrten,
vom Ruch der Pestkartoffeln noch Umflorten,
Die fassten uns ins Auge, denn wir hatten eins!
Sie quollen auf als nebeltolle Blasen,
als Wrasen vom Anprall der Wasserstraßen
aus Anderswelt. Was kehrt da wieder? Solchen
Gesichten, die ein Tee aus Taumellolchen
erzeugt, um flügelbreit im Wind zu wanken,
umschweifend, alptraumschriftlich nachzuranken
auf Löschpapier, seefahrende Gedanken

In Brendans Logbuchpalimpsest zu pinseln,
ins Book of Kells mit seinen Initialgerinnseln,
wie Strandgut schwingt und schwappt in Seetanginseln,
den Staub von Brendanburg mir anzufeuchten:
So kam ich her zum Weltrand, heimzuleuchten
auch mir. Hier traf ich dich, hier sahn wir Fintan,
vom Hand- und Mundwerk Sänger, wie er hinten
im Altertum noch mit dem Goldgeschwänzten
Seeadler Eccuill spricht, dort im entgrenzten
Gewölkebrodeln über Quarz und Glimmer,
im vierzigfachen Irisch-Grün des Slievemore.
Durch dessen Flanken striegelt Wind noch immer
mit Regen und Lichtbürsten. Und da schlenzten
sich Geisterkids noch zu die Kuhhautbälle

im Grasbett. Jeder Schritt kam uns da schief vor,
und jeder Blick verirrte sich zur Schwelle
ins Jenseits, wo die Lauftäler hochmünden
ins Nebelreich der Geisterkuh, dort, wo der
Gespenstermelker lautlos an der Quelle
sich niederhockt, wo in der Nebelhelle
der feine Milchstrahl klingelt überm Moder
– ich hör das, weil ich Jerseys Rinder kreuzte
ins Schwarzbunt einst und mir die Nase schnäuzte
ins Nebeltuch der grabesstillen Oder.
Wenn öfters Gott für uns die Wolken melkte,
so tränkte er doch nicht das unverwelkte,
nur hier und dort von Sonnenholz durchbälkte
halbmeilenlange Beinhaus der Verdammten.

Es war einmal, wo Fuchsien entflammten,
schafbockgehörnt ein Regen-Alter spukte,
sein Lederschwarzgesicht aus Löchern lugte,
dass wir da ebenfalls entbrannten, eilig,
aber wie Torf auch rauchlos, sanft und heilig.
War es nicht nahe bei der Friedhofsmauer?
Sankt Coleman's heiliger Brunnen dort war sauer:
Man treibt's doch nicht, schickt Coleman Booley's Kiste!
Wir ahnten den ja auch nicht auf der Piste
anschleichen voller Abschied von der Küste,
den Mauersprung im Sarg zu tun am Ende.
Was nämlich, halben Augs, von fern wie Stau schien,
kaum kroch, Bus an der Spitze, im Gelände:
die Trauerschlange war's, sah man genau hin.

Schon schmeckten wir die Münze auch im Munde,
wenn du, my dear, trotz dieser Totentruppe
im Blechnapf umrührtest die Tütensuppe
zu einem Liebesmahl auf totem Grunde.
Die Schlange schlich in eine halbe Runde
und Irrlands Reifenbeißer, schwarze Hunde,
die geistertoll sonst Englands Kutschen jagen,
jauln hin und her mit Irrlands Tod im Magen,
wenn Booley's Sarg hoch wogt über die Klippe
zur Anderswelt, von Händewellen getragen.
Kein Requiem sahn wir, in der Hand die Stippe,
je fürstlicher, kein Torauf- und -zuklinken
endgültiger, kein In-die-Knie-Sinken,
auch ungetan, kann nun noch mehr bedeuten.

Der Bus erbrach auch Kids, die sich zerstreuten
ins ignorierte Jenseits, Diesseitsmeuten
mit hellem Kehlgeläut und Ballgepralle.
An Pastors Hüfte hüpfte die Rosenkralle
noch einen Reel für Booley, und dann standen
sie da: die Männer, Coleman, Friedhofstanten.
Ein Schluck für Booley's Seele hoch ins Leere,
als ob die schon an Slievemore's Milchpott wäre.
Von Licht durchnässt war jäh das Gruftzivil:
Der Melker-Engel flog durchs Kirchenspiel.
Gesichte überall, wer sah, der sah.
Weit unten ging der Dampfer ab von Keel
und fuhr am Ende bis nach Hy-Brasil
Nur du und ich, wir waren längst schon da.

No sun, no moon, no star, no lighthouse's boon,
No rose, no worm. Nobody knows this shore,
No spook, no holy ghost this psalm will croon
Of no more sense and sins and nevermore.
Sea ravens call: right now!, no deadly swoon,
No net, no Nowhereland knows Brendan's cruise.
What makes that ship drive on so fast? So choose
The course according to no plan, explore
Jasconius' disappearing Island, soon
This whale will form the ring and sink and roar:
Farewell! So close behind you every door
And walk the waterway also ashore.
It is *Nowember*, put to sea, my heart,
And take this blotting papers for the chart.

Mein Füller lief nach Mitternacht auf Grund
und meine Faust klebte am Wachstuch – Kjersti,
Mittsommersonne hier im Stockfischhafen
hast du mein Seemannsgarn gordisch verknotet?

Hast du mich ausgemustert wie im Eckschrank
die Seekarten vergilbt in ihren Papperollen?
Bin ich schon Stockfisch Stapelware Stinker
die eingerollte Fahne nach der Fahrt?

Ich sah die Mahlstromwirbel stockfleckig
auf Norges Sjökartverk Blatt einundsiebzig
doch eine rote Sonne draußen gipfelte
auf fernem Eismeerberg so wie in Å

Da krachten jäh zwei Schwerter hier im Hafen
Seins ohne Spitze pflügte um das Wasser
ihr samtnes teilte seine Küselspuren
und was so kreuzte rührte auf den Mahlstrom

Pfahlbauten schluchzten Wellen schnatterten
und tauschten ihre ewigen Hochzeitsringe
und fuhr dein blaues Schwert – ah liti Kjersti
unter die Haut mir mit den Streichelschnitten

Bald eilte lautlos in das Meer die Woge
in der *das Licht der Walverwandten* an war
Der Mahlstrom brummte noch im Eckschrank
zur Navigatio, Kjersti, die ich schreibe

Ins Alabaster-Gel so fremder Fühlung,
in solchen Kinosaal ganz anderen Verlangens
kommt keiner, dringt er eines Lidschlags auch
hellwach im Tiefschlaf vor bis nach Atlantis,
wo Rostgewölk erlöster Wracks die Zinnen
noch krönt und wo als Zirruswolken stehen
Eriks und Brendans Segel wie für immer.

Dort steigt *der Pottwal* auf, Tromba marina.
Darauf spielt der allein sein Liebeslied,
der einen Sturzflug tief ins Meer kann wagen
zur Dunkelheitsumarmung mit Kalmaren.
Wie gern auch wären wir an unserem Ende
von dieser Woge, die sich spürt, verschlungen,
uns blakt aus ihrem Raum nicht eine Lampe.

Was rollt da auf uns zu mit dieser Brandung
Zuckt da das Lid erwachender Planeten?
Was soll des Pottwals ständig letztes Winken?
Er war nie Boot für uns und niemals Bote.
Zu kleingehirnt verzehrten wir den Walrat.
Der Pottwal mit der großen Feuerschaufel
schürt schon die Grönlandsonne.

Schon jagt der Blasrohrjäger mit Sonaren
am Grund von allen unseren Monitoren
und bleibt eher als wir noch unverloren
im Lärm von Millionen irren Schrauben.
Wo wir im Anderen der Nacht noch klauben,
hört schon der Pottwal, wie an Schelf und Stränden
die Schiffe schlaffer werden und verenden.

Ich war offline als ungereimter Fisch,
Ein Stockfisch, vierter Stock, stocktaub und stumm.
Mir wuchs ein Moospelz und, farewell, ich hörte
Dem Abendregen zu, darin der Schütze
Wie Krill versank. Wie der Polyp da zirpte
Als Mond im Neonschein des U-Boot-Hafens
Von Schiphol. Dort, wo rosa Leuchtschrift aufstieg
– Gedankenstrich stieg nach Gedankenstrich –
War bald im Stand-by Mars zu sehn. Kein Anruf
Und ungetrübt die ganz versunkene Sicht
Und ringsum gingen Flicflac-Sterne auf
In frisch gefluteten Korallenstöcken
Und stündlich übers Oberlicht hinweg
Schäumten die *Hammerhaie* her aus London

Trafalgar reimt sich längst nur noch auf Spaßbad
und sieh mal A'dam unterm Meeresspiegel
mit U-Galeeren, wo klatschnass rotieren
je vierzig Girlie-Achseln, Ahabs Speedboat
den Prahm voll Fahrradschutt, den Grachtenglasfisch
und Meerrauch im bekifften Buddelschiff.
Farewell dem Floß »Medusa«, darauf stehen
gewaschene Raben mit Sektglas im Anschlag,
Einräder fahren kopfunter übers Wasser
und selbst ein Holzklo wankt als kühner Kutter
gen Svalbard und die meisten Menschen haben
die Bordkarte zum Mars wenn nicht zum Mond
Und drunter drüber gehen die Kielwässer,
Weltunter kennt auch Freuden, frag die Römer

Wer jetzt noch Zeit hat und Gedichte geigelt
Und aufs Geklaubte laut sein Logo klebt,
Wer als Narziss gern mit Narziss liebäugelt,
Der leugnet auch, dass er nur Lob anstrebt.
Zwar besser können das Narzisslerinnen,
Doch seit einhundert Jahren schon en vogue,
Kreist Stille Post, getarnt als Neubeginnen
Und Vortrupp aus dem Schwarmgeistkatalog.
Durchaus gelingen kühn verschränkte Zeilen,
Schreibt Michael Braun, gegeigelten Gedichts,
Doch reichen noch so schön geschriebne Meilen
Meist nur vom Spiegelschrank bis in das Nichts.
Das Love-Ding geigelt und hat sich nie über,
Da fahr ich, well, mit William Shakespeare lieber.

Das Antislingereduk sah aus wie eine seekranke norwegische Waffel. Man breitete es auf dem glatten Tisch in der Schiffskantine auf dieser Farewell-Tour aus und stellte beispielsweise seinen Kaffee darauf ab. Wenn man den Kaffeepott nicht so voll machte, schwappte er dann erst kurz vorm Kentern etwas über. Den Bewohner der Nordkalotte erkannte man auch daran, dass er ein eigenes Antislingereduk hatte. Er zog es wie ein Taschentuch hervor. Es musste an Bord all dieser Fähren, etwa von den Lofoten nach Bodö oder von Gryllefjord auf der Insel Senja hinüber nach Andenes an der Nordspitze der Vesteralen, ein Geheimfach fürs Antislingereduk geben, ich konnte allerdings nie entdecken, wo. Welcher Nordlandfahrer aber wäre schon auf die Idee gekommen, an der Theke ausgerechnet ein Antislingereduk zu bestellen? Ich stelle mir vor, dass es besondere Registrierkassen dort oben gab mit einem extra großen Fach, in das imaginäre Zehntausend-Kronen-Scheine gelegt werden konnten, aber stattdessen eben nur Antislingereduker. Wenn ich jedenfalls folgendermaßen bestellte: »En kopp kaffe, en lopperrolle og en antislingereduk«, so kriegte ich beim Bezahlen immer wie von Zauberhand zuerst mein Antislingereduk. Ich war dann also identifiziert als einer, der vermutlich nicht aus der Nordkalotte stammte. Die Lopperrolle allerdings verwandelte mich nahezu in Ole Nordmann, denn welcher begeistert seekranke Spanier sollte die köstlich zimtene Süßware mit viel Mohn auswählen, die ihm wie ein plattgebügelter Darmverschluss vorkommen musste? Merkwürdig ist, dass keiner mein Antislingereduk nach Gebrauch wiederhaben wollte. Es war wohl keine der zehntausend imaginären Kronen wert, und so sah ich auch nie, wohin sie es entsorgen würden. Ich besaß sogar schon mal mehrere Antislingereduker, mit oder ohne Kaffeeflecken, auch von Lopperrollen fettgetränkte. Aber an Land waren sie einfach nur Müll und erinnerten mich gleich an das Handwerkszeug einer Figur aus einem untergegangenen Land, in dem ich mal gelebt hatte, nämlich an Lilo die Lappenschleuder, jene grummelnde Putzfee übernächtigter Bahnhofslokale mit ihrem heranfliegenden klatschnassen, grauen, netzartigen Wischlappen, der längst nicht so dickgestrickt wie ein Antislingereduk gewesen war und mit dem einst Lilo die Lappenschleuder wütende Schlieren auf den glatten nächtlichen Sprelacarttisch unter meinen erhobenen Händen geschmiert und als Strandgut etwa noch eine kleine Eierteigmuschel hinterlassen hatte. Ich habe jedenfalls kein Antislingereduk mehr und werde vielleicht nie wieder eins kriegen, wenn ich noch mal hochfahre nach Norden und an Bord eines bestellen würde. Dabei hatte ich, soweit ich mich erinnere, nie ein Antislingereduk gebraucht. Ich habe nämlich eine ganz andere Antischlingermethode, aber die funktioniert nur an Deck, auf das es mich ohnehin immer gleich zieht mit der Lopperrolle und dem Kaffee in der Hand. Man blickt auf den Horizont, beispielsweise den mit dem fernen Haifischgebiss der Vesteralen, und überlässt die Beinarbeit der arbeitenden Natur. Schließlich gehört man selbst, und zwar komplett, dazu und besteht der menschliche Körper zu neunzig Prozent aus Wasser und hat eigentlich keine Schwierigkeit, an einem nicht zu heftigen Wellengang einfach teilzunehmen. Im übertragenen Sinn funktioniert auch das Schreiben und auch das Verstehen und Durchstehen dessen, was man, vielleicht sogar fälschlich, Geschichte nennt, genau so, ja wie es überhaupt genau so hätte klappen können mit dem Aufenthalt auf Erden von Homo sapiens Linné – und warum hätte man sich dann noch groß aufhalten sollen mit Gebrauchsanleitungen für so etwas wie ein Antislingereduk? Hauptsache ist doch, du hast Treibstoff genug in die Einfüllstutzen deiner Augen. Der in Jahrhunderte zurückgefallene Primärweltbetrachter muss sich heutzutage allerdings beeilen, sich anstrengen und sich auch ein bisschen selbst betrügen, wenn er noch Reste alter Herrlichkeiten zu sehen kriegen will. Nimm dann also beispielsweise Anderoy am Horizont aufs Korn, die nördlichste der Vesteralen, und alles Andere, sei es auch schwankend und zuweilen mit Anklammern, geht wie von allein. Direkt über der einen steilen Pyramide da auf dem Horizont ragt der gigantische Trichter einer dunklen Wolke auf. So etwa sah auf alten Bildern der aktive Vesuv aus, aber hier wird schon ein lebendiger Spitzberg noch hinter jener Pyramide sichtbar, der Vogelfelsen Bleik, der längst nicht mehr von Seevögeln überbrodelt, wie es noch Alfred Brehm gesehen hat, und das Eismeer scheint immer noch zugleich ein endloses Rüttelsieb für alles alte und neue natürliche Tafelsilber der Welt zu sein. Dieses Tafelsilber der Welt wird rapide weniger. Ich sehe zu dabei. Auf meiner linken Arschbacke spüre ich jetzt beim Schreiben das, was sich die weniger Gewieften früher als den Kuss der Muse vorgestellt haben. Das macht in meiner Gesäßtasche der Reiseproviant, die imaginäre Lopperrolle, die ich schön eingewickelt habe in mein Antislingereduk.

Wir fahren von Gager um Mönchgut herum
und halten, nach Ruden, strikt zu auf *die Oie*
die gar keine Insel im Schreckensjahr Tausend

noch war, so Trygve, der vom Helden der Schlacht
da an der Ehemalsküste, vom Norwegerkönig
Trygvasson plötzlich ganz deutlich auch abstammt,

denn die Øya war Halbinselspitze! Geplant war, so ich,
von Greifswald nach Peenemünde zur Oie die U-Bahn
bis unter den steinernen Tisch hier der Raumfahrt

Wernher von Brauns auf der wildschönen Oie,
hier von der Steilküste flogen Ideen handfest erstmals
ins All. Auf dem Mond dann, so Trygve, der Endsieg.

Ostseen nagen an Norge und selbst noch am Kehlkopf
von Lappland, Wildponys drängen genäschig heran,
es gibt »Linie«: aus der Thermoskanne eiskalt Aquavit.

Am Tisch im Gebüsch im ewigen U-Bahn-Gezisch
ging der Thing, geht der Holmengang fort
unter den weltschönsten Wolkengeschossen.

Der Wiking-Baedeker, was mich nicht wundert,
schickt mich zum Croaghaun, so ins Jahr fünfhundert.
Zweitausend Fuß über der Blacksod Bay,
hör *Inishglora* ich – kiwitt! – die Fee.
Die quatscht gleich los: Wenn da das Leben aus wär,
auf Inishglora, wird man nicht begraben,
vielmehr so aufgerichtet an der Mauer
des Kirchhofs, dass die Luft, die sie dort haben
und heilig ist, ein Wunder tut von Dauer,
was einem Fremden – käm er hin – ein Graus wär,
wie da ums Kirchlein Mann, Frau, Kind und Greis
sich eng versammeln ganz nach dem Termin
der Lieferung. »Und die verwesen nie?«
»Was nur im Innern Frau Natur noch weiß,
erscheint in den Gesichtern. Sie entfalten
ihr irres Kartenwerk.« »Und manch eins schrie!«
»Das kommt von meinem Kantenwind mit Schauer,
und storres Haar, pack ich's, ratzt drüber hin.«
»Wagt dort kein Vogel Pick mehr oder Ritt?
Streift da kein Hund mehr vorgewölbte Knie?«
»Was rufst du denn, Sehfahrer, uns Gestalten
sinnrunzelnd noch um Rat?« »Im windumschallten
Gehöft da – kriegt der was, der aufrecht stritt?«
»Welch Glück er litt, er muß, auch aufrecht, mit!«
»Wohin?« »Im Totenheer zum Mond veralten!«
»Wird selbst der Letzteste denn nicht mehr quitt?«
»Womit? Wer kann schon diesen Stern verwalten.«

Wir hocken im Umhang, im Rollbild des Regens.
Goldlockiger Hütehund, hörst du das Knistern,
das Prickeln? Ich atme, du witterst die letzte
Atlantis-Untergangs-Stufe: die Frische.

Ja sieh nur, wie unten die steinalte Brücke
als Lichtpfau den sprühenden Fächer entfaltet!
Blitzblau stößt Krähschwarz an, Altschlüpfer-Rosa
und Postgelb verfitzt nun mit Froschgrün: die Stille.

Goldlockiger Hüter, horch: Wolke und Wasser!
Und sieh dort den »Arbeitslosen-Wanderverein«:
So ziehen die Regenschirmwanderer hin
im schönsten Wiesengrund von Atlantis.

Wer konnte bis ins Mark uns so sanft fahren
und uns so hoch noch übers Meer erheben?
Hafgufa, flüsterte der Gast an Bord,
der Wiking aus der Zukunft, Meerrauch …
Hydra monstrosa? lasen wir in unsern Blicken
im Löschpapier, das »unser Boot« wir nannten.
Wer setzte denn aus Graugold solche Segel
wie Riffe ohne Rauheit, sanfte Klippen?
Auch seufzte unser Schiffshorn eher nun
wie jenes, tönte es doch ganz aus uns.
Was war das hier? Der Seemönch? Ziphus?
Oder Midgard? Oder gar der Ouroboros?
Das war Jasconius voller beinerner Pilaster
im Megamaul! Vielnamig Unbekannter,
rief aber Käpt'n Brendan, ja!, dich grüßen wir!
Schenk uns nur einen Tropfen Flüssigbernstein,
der einen Augenblick umfasst auf Dauer,
aus deinem Fass mit honigsüßer Galle!
Mach uns solch sonnentiefes Meeresfenster,
worin das Diadem aus Fischen, Gott zu grüßen,
sich gerundet hat! (So Brendan, unser Abt)
Wir Brüder Jasconiden gingen wie gehabt
über das Wasser, unser Shanty Chor:
»Auch du fährst nach Unendlich
auf diesem Stern! Auch du reist
nach Haus wie wir, seemeilenweit
nun fern vom kahlen Fischgrund,
ahoi, bis in den Staub der Sterne …«

Ich hab, was mir als wirklich galt, vergöttert
Und meinen Wunderfalken abgebeizt,
Ich hab das Engelreisebuch durchblättert
und abgelehnt *wie Brendan*, und verheizt.
Was mich auf Neuentdeckungsreise schickte
Als Geist in der geteerten Ochsenhaut
Und bis an den Ginnungagap vorrückte,
Hat auch die unerbauliche erbaut,
Die hohe See, das lässt mich selbst beim Segeln
Hochhalten einen Zweig, der brennt,
Dass ich erkannt sei bei den Engelvögeln,
Die keiner mehr, oder noch gar nicht, kennt.
Stehst du denn, Lieb, in meinem Fahrtkalender?
Komm, kreuzen wir vorm Wind der Niemandsländer!

Wann geht denn noch ein Schiff aus Eis nach Irrland
wo Regenbögen fußen, und wo strandet
ein Zeitumsegler? Ich, der gleich und nie fand
die Inseln Brendans, ein Stein, bin hier gelandet.

Die Insel Vilm. Minutenlang? Für ein Äon?
Wer bist du Andersweltkind dort am Waldrain
am Kessel tief in Rusch, Busch, Sand und Grant?
Ein Heidenkind? Du musst, so frisch, uralt sein.
Du singst mein Reiselied. Ich bin dein Land.

Die Eiszeitwerft ließ Eis vom Stapel, schon
verrückt's zum Gnadenort verschollene Steine.
Aus Stein wird Sand, aus Sand die heiligen Bäume,
derart geschieht die himmlische Vision.
Eis schorrt aus Scherbenhort und Schluff Gebeine.

Sie weisen auf den Urwald hin der Träume,
und Stein und Bein schwören die Vilmer Strände.
Sie kreiden an des Wikingers Allgegenwart,
wie er nie Land gewann, nur das Gelände.
Als Selbstverzehrer ist er bald am Ende.

Was macht denn Reif? Den macht Morgane zart.
Was bleibt? Schwallmarken schönster Kaltluftseen.
Die Wellen sprechen mit uns, wenn sie brechen,
und strahlt jetzt, Kind, denn nicht wie ein Versprechen
der schwanke Pfad? Gefieder? das Gangrän

Seliger Inseln? Sieh! Geht bald zu Ende
die strikte Irrfahrt durchs Anthropozän?
Der fernste Blust dort aber, die Allmende,
siehst du sie noch? – Ich hab sie einst gesehn.

Selbst Steine rosten da beim meerumgellten
Schiffswrack im Sägebock des Riffs – es wagen
nur Wenige aus den Clochans, den Zelten,
aus Stein gewölbt, zu segeln in die Sagen
in der geteerten Haut. Sie kehren selten
zurück und sehn Europas Hoflicht blaken
vom Ozeanfels Tearaght. Die *Anderswelten*
schicken die Fragen, die am Wissen nagen.

Zwar zeitenkrank, doch sicher reist Sankt Hilbig
Auf seinem *Rettungsfloß »Misere«*.
Sein Unstern führt ihn sicher übers Meer
Von Katastrophe hin zu Katastrophe
In einer einzigen Thalatta-Strophe,
Wie sie auch Jeffers sang am Ozeanrand.
Wer Adler ist, sieht auch Sankt Hilbig fliegen
Mit seinen Songs im Ohr, statt dass er sich
Mit seiner Mähne an den Mast geknüpft hat,
Damit ihn nicht die Lieder der Sirenen
Betören, die er übertönt, wenn er nur will
Als schwarzer Orpheus-Minotaurus, aber
Es sind die Lockmittel der Lügenschönheit,
Des Rätsels Lösung ihm zu bieten, wenn er
Nur folgte zum Refugien-Archipel
hin zu den Territorien der Seele.
Seht die Versprechen an dem Floß zerbrechen,
Ist doch allein das Floß sein Sehnsuchtsziel,
Das man wie Hermes' Flügelschuhe bindet.
Er folgt so einzig seinem reziproken
Gesetz des Widerstands: je hässlicher
Die Fahrt wird, desto schöner, wird erniedrigt
Sankt Hilbig, kriegt er Größe, und je mehr
Die Nacht der Irrfahrt steigt, wächst auch die Klarheit,
Nur aussichtslose Fahrt führt hin zur Lösung …

Vom schwarzen Berg
– ein Scheiterhaufen
vom Gipfel bis zum Fuß –
flog uns im Boot
noch beim Auslaufen
ein Dolch nach schwarz
wie Ruß. Die *hohe See*:
Da schwebt die Insula
wie Wolkenferne …
bis an dem Totenbett der Sterne
Abt Brendan Meerrauch-Röte sah:

O tir na nOg
o Glücksverlangen,
bist du der Feuerwurm?
Was schält und schlingt
wie Rettichstangen
den Doppel-Babel-Turm?
Flog uns voran
stets diese Klinge?
Wer sind wir? – Schall und Rauch
Die Ruderspur wie Silberlinge
versinkt ja auch

Die Natur ist Feindin ewiger Besitzungen. Sie zerstört nach festen Gesetzen alle Formen des Eigentums …
Novalis

II

Thomas Lehr
Kafkas Schere

83 S., geb. | 18,00 € (D); 18,50 € (A)
ISBN 978-3-8353-5586-6

Ausgehend von Franz Kafkas großmeisterlichem Vorbild sind Thomas Lehrs Miniaturen dieses Bandes entstanden, als Variationen und Hommage, als Ergänzung und Erweiterung des Spektrums superber Alpträume und humorvoll-grotesker Visionen.

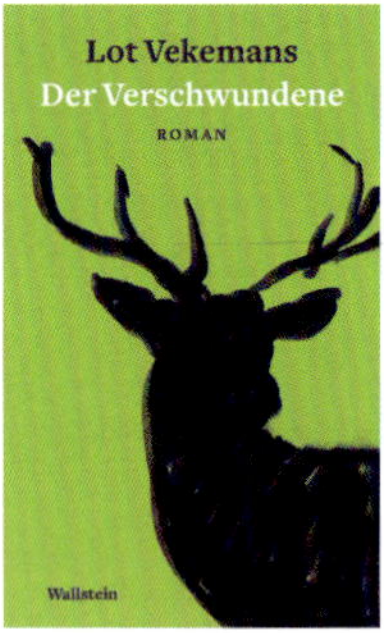

Lot Vekemans
Der Verschwundene
Roman

Aus dem Niederländischen übersetzt von Andrea Kluitmann
266 S., geb., Schutzumschlag | 22,00 € (D); 22,70 € (A)
ISBN 978-3-8353-5534-7

Diese spannende Spurensuche führt durch dunkle Räume der menschlichen Seele zu den verborgenen Beweggründen für unser tägliches Tun. Der Bestseller aus den Niederlanden: melancholisch und hochemotional!

Teresa Präauer
Kochen im falschen Jahrhundert
Roman

198 S., geb. | 22,00 € (D); 22,70 € (A)
ISBN 978-3-8353-5429-6

Gastgeberin sein zu können heißt letztlich: erwachsen geworden zu sein.
Der Roman eines Abends und einer Einladung zum Essen. Voll mit Rezepten für ein gelungenes Leben und einen misslingenden Abend, der immer wieder neu ansetzt, schlau, witzig, heiter.

Wo bin ich nur? *Im Brandschweif des Kometen*
Seh ich nicht Dürre und Orkan, ich seh
Farewells Gewalt Bäume wie Unkraut jäten
Und Harvester, Mephistos Defilee.
Wie Krieg und Frieden gleiche Schneisen schlagen
Durch das Gelände Trug und Unbehaust,
Durch Planquadrate wie Heuschreckenplagen,
So haust auch hier die Firma Doktor Faust.
Ihr Sumpf zieht hin voller versprengter Brocken,
Rostfahle Stangen stehn, dann kreuz und quer
Gebein und Haut, doch wie noch Sinn entlocken
Millionen Fraßbildbibeln ringsumher?
Wie hoch da droben sich tungusisch ballt
Und wölkt Lichtnelken-Königskerzenwald!

Schutzhütten tischlern wir aus toten Fichten
Statt Särge für die Menschmonokultur.
Der Borkenkäfer hilft uns beim Zurichten,
Wir sehn im Bleichholz seine Sprenkelspur
Wie Beulenpest auf Holzschnitten der Alten.
Wir sägen, schleifen, fräsen, bis es stinkt,
Kein Leim und kein Windrispenband kann halten,
Wo überleben länger nicht gelingt.
Scheinbar gesunde Stämme stehn von Buchen
Wie kahle Wirbelsäulen schon im Hag,
Die wir für Schutzhütten in spe besuchen,
Wo kurz das Ausgestrebte halten mag.
Gehobelt ist dieses *Sonett aus Toten*.
Es sucht vergeblich Andersweltvorboten.

Die Erde trägt den Himmel als *Corona*,
Der Zeitumsegler sieht es, der Pilot
Erschwebt es. Was, maskiert, sehn Erdbewohner
Beim Probelauf für den Erstickungstod?
Ich sehe Sturmgewölk und Himmelskriecher
In Bestform über niemands Land dahin,
Germaniens nie geschriebne Wolkenbücher,
Lepantoschlachten von Cy Twombly drin.
Ich bin in diesem Jahr so weit gekommen
Durch diese umgekehrte hohe See
Und bin in Zirrus-, Nimbuszeit geschwommen,
Bis ich schon nicht mehr weiß, dass ich vergeh.
Vergehen seh ich menschliches Gelände,
Vergesse Oben. Unten. Anfang. Ende

Auf hellem Saalefels siehst du verenden
Ab nun die schönsten Künste der Natur.
Wenn selbst die Kiefern Hokusais noch verschwänden,
Bliebe wohl stehen jede Heimatuhr.
So auferstehn ins Grab hier die Ruinen
Nicht länger stolz und kühn, und Niemandsland
Zeigt sich – nur wem? – mit endzeitlichen Dünen,
Und Raumschiff Welt treibt jetzt schon unbemannt.
Blieb denn nur schön der Wald so hoch da droben,
Solange ihn ein Mensch als schön ansah?
Hat denn, nicht menschlich, was den Blick erhoben
Im Schutt des Alls? Ganz andre Algebra?
Auf Hokusais stummer Woge stehn bizarre
Bergkiefern wie Galaxis-Leichenstarre.

Die hohe See ist nur ein Flachgewässer
Gegen den strömenden Weltinnenbrand.
Der Herr der Erde ist als Tiefenmesser
Uns Staubbewegten mehr als unbekannt.
Wir könnten frischlebendig sterben lernen
Und wirklich spielen unser Requiem.
Doch wenn wir Gott spieln, einen menschenfernen,
Erlischt im Lebensalphabet das M.
In uns glimmt noch und glänzt *der Stern der Liebe*,
Gezeiten atmen in uns, wenn ich seh,
Mit dir klart auf, was sonst nur trübe bliebe,
Und in der Liebe reimt sich a auf b:
Ebbeundflut spricht: Werde und vergeh.
Lebenundtod lehrt uns die hohe See.

Dass Gott das *Schattenkind* in uns was wert ist,
Davon willst du mich nicht mehr überzeugen.
Es ist der Tod in uns, der unbeschwert ist
Vom Fleisch, und ein Skelett kann nichts mehr beugen.
So trag ich deshalb, Liebste, deine Last,
Weil du, spürst du es jetzt?, ja trägst die meine.
Da zählt nicht, ob du Gott verlassen hast,
Unherrscherlich nun bin ich ganz der Deine
Und bin nicht Vater, Sohn und heiliger Geist.
Wir sind die Sterblichen, das macht uns größer,
Leb wohl heißt auch leb gut, wie uns verheißt
Das Leben, sei's auch oft als Angsteinflößer.
Du Wunderbarste der nicht länger Frommen,
Du bist mein Segelschiff, mein Windaufkommen!

Als Jeffers' Haus sich aus der Wolke schälte
Nach ihrem Ich-bin-Silberpfirsich-Trick,
War es ein Raumschiff, nichts für Auserwählte,
Doch unwägbarer Auswuchs, selbst von Glück.
Entmenschlicht, kosmisch dringt durchs Tor die Weite,
Als wär sie *hohe See und niemands Land,*
Als wären wir, my dear, nur Jetzt und Heute,
Wo Wahrheit abkippt übern Himmelsrand.
Willst du denn da noch eine Fahne pflanzen
Und will ich Feldherr sein von weiter Flur?
Solln wir wie Plastikmüll im Ozean tanzen
Vor Freude, abzuheben von Big Sur?
Robinson Jeffers donnert im Gehäuse,
Kein Mensch kommt durch die Weltraumschleuse.

Wir segelten durchs Restmeer der Prärien
Durch Lungenantrieb. Dann steil hochgezogen
Bis in die Nacht, Ellbogen an Ellbogen,
Farewell!, werden wir weit ins Weltall ziehn,
Schwitzhüttensteine, die wie Sterne glühn.
Der Pulsschlag spricht in unserm Dottersack
Mit uns das *Mitakuye oyasin.*
Wenn Süßgras brennt, Salbei und der Taback,
Verraucht das Splattermovie »Schuld und Sühne«
In jenseitigem Glanz und Duft und Klang:
Nicht länger Notlicht zeigt die Schwebebühne,
Nein, Stardust X! – Uns Schweißtreibern gelang,
Großmutter Welt wohl doch noch zu entkommen,
Den Brüsten, leer, verkrebst und abgenommen.

Die Zukunft geht am Stock schon manche Runde
Da, wo sich Kraut und Käfer drängen, lang
Als Mutter Mechthild oder Radegunde
Und trägt, was sie gewinnt, zur Eden-Bank.
Sie schaut, was aufgeht ohne Schuld und Sühne,
Sie setzt sich sacht an den Ereignisrand
Zu Kiesel, Kiefer, Wolke, Gott und Biene,
Ein ganzes All, scheint's, ging durch ihre Hand,
Das nicht von selbst so ganz erfüllt gelänge.
Unter der Haube lächelt es, das gilt
Auch mir, ich spüre nicht mehr meine Zwänge
Und mein Gewinn ist nicht mehr abgezielt.
Schwebt dann noch Gott mir vor, wird leer sein Thron,
Sitzt er doch auf der Bank bei Ihr als Sohn.

Auf allen Irrwegen streut meine Schwester
Kein Gekrümel für Tauben – Knochensplitter
Wenn der Knochenbrecherhund nachts umgeht
Die Aufzuchtbox meiner zerbissenen Schwester
Ist zerfurcht von ihrer Schönschrift demanten
Fährt ihr Fingernagel überall Schlittschuh
Drüber! Drüber! kommt haarsträubende Schwester
Sie singt das ist der Finkenschlag des Schneefalls
Sie tunkt die Streichelaxt wo ein Sherryrest glüht
Schlägt sich durchs Eis Asche entfacht sie im Ofen
Im dunkelen Spiegel die Niemandslandschwester
Teilt mit dem Fingerknochen das Panzerglas sagt
Da geht es nach Draußen drin schon steigert sie mich
Zum Bruder Hans zu Hensel und Hunger zu Hünger

Verstaubte Bibeln alter toter Männer,
Von heiligen Gespenstern einst diktiert,
Farewell jetzt, Vater als der Alleskönner,
Du bist als Bruchpilot längst abgeschmiert.
Es sind die Väter, die uns stets verdarben,
Von stubenreinen Müttern assistiert,
Gottvater wär auch Boss von IG Farben.
Jetzt wird es höchste Zeit, dass man kapiert,
Wie sich ganz neu formiert uralter Glauben:
Urväterhausrat mit ganz ungeniert
Als frisch verkauften, doch verdorrten Trauben
Der Lügenmacht. Die tut nur so gerührt.
Kann die vergehen, nach zehntausend Jahren,
Samt Uniformen, Kutten und Talaren?

Eisblink, leb wohl! Über der Nordkalotte
Schmilzt nun dein hohes Wunder und verweht.
Leb wohl, Mesopotamiens Sechste Flotte,
Die nach Beschuss von Eden untergeht.
Leb wohl, du hohe See, nun Wasserwüste,
Kartiertes Land, leb wohl gen Unbekannt
Mit deiner endlos langen Totenliste,
Mit Baufeld, Schlachtfeld, Gott und Heimatland,
Mit deinem größten Weltreich Niegeboren!
Dir hilft schon längst nicht mehr Jerusalem
Samt Tür und Tor und seinen weisen Toren,
Die dich verkaufen noch als Requiem.
Doch in aeternam, Liebste, nah und fern,
Geht auf noch unser letzter Apfelkern.

Wir sind auf spiegelglatter See in tiefer Abenddämmerung von Syriens einziger Insel Arwad kommend nach Tartous zurückgefahren. Unser Kahn hat, scheinbar jenseits aller Zeit, hier wie dort wohl schon ewig nicht mehr richtig festgemacht und war schon deshalb bestens für *eine Begegnung* geeignet, wie sie mir dort widerfahren ist. Der Suchscheinwerfer auf diesem Kahn neben dem winzigen Steuerrad war nicht eingeschaltet, wozu auch, denn jemand hatte ein Stoffbündel davorgehängt, und vor dem Fenster des unsichtbaren Fährmanns hingen mindestens sechs Beine. Die pralle Menschentraube um mich herum schwieg, als wenn die Zungen festgeklebt gewesen wären an dem Fährgeld für einen Kahn, der wohl auch nachts völlig überladen fuhr, und das Wasser reichte auch jetzt fast bis zur Bordkante. Lange fuhr ich mit der Hand durchs blutige und noch nicht mal mehr zuckende Fell des Mittelmeeres. Die Felseninsel Arwad hinter mir war schnell nur noch ein schwarzes Knöpfchen am Abendlandkleid gewesen. Auf dieser Insel, die selbst ich mir nicht hätte ausdenken können, hatte ich am Tag ihre versiegte Aorta gesehen, eine weiße, dann bläulich im Meer verdämmernde Tonröhrenschlange, die einst Alexander dem Großen von Asien her zu einem kühlen Trunk verholfen hatte. »Grandville! Grandville!« Der seltsam triumphierende Geierruf des zahnlosen Kaktusfeigenverkäufers mit dem rotsamtenen Fes auf dem Kopf hatte mir gegolten. Wir waren ihm mehrmals begegnet. Das war kein Kunststück auf einem Eiland von einem Quadratkilometer, das eigentlich nur aus zwei Kreuzritterfestungen und einer zerschlagenen Wabe einstmals weißer und blauer Häuser bestand. Der Kaktusfeigenverkäufer hatte jedes Mal begeistert mit dieser auf der Zunge zergehenden Spezerei aus Worten auf mich eingehackt: »Grandville! Grandville! Mmmh!« Was er damit meine, hatte ich

Turkyi Mahmud Bey gefragt. Da hatten wir gerade in einer düsteren Taverne am winzigen Bootsbauerhafen gestanden und an einem Tischfußballspiel gekurbelt, dessen Spielerfiguren aus alten Wasserhähnen bestanden. »Du bist im Land der Löwen«, hatte Turkyi gelacht und mir die Basaltmurmel ins Tor geschossen, »also fühle dich selber als ein Löwe!« Und ich solle diesen letzten Überrest »französischer Mandatsherrlichkeit, die es sich mit türkischem Pomp bequem gemacht hatte«, als eine Ehre annehmen. Das Meer hatte sich nun meiner Hand entzogen, denn der Kahn war kaum merklich in eine Kurve gegangen, und ich sah hinten vor dem Strandstreifen eine merkwürdige Prozession durch die werdende levantinische Nacht: Weiße Gestalten wateten dort unendlich langsam im Meer, in einem weiten Abstand voneinander. Sie alle schleppten etwas in ihren Armen, das doch unmöglich Selbstmördersteine sein konnten, und sie alle waren durch ein manchmal rot aufblitzendes Gespinst miteinander verbunden. Man verließ das schwankende Boot über das Dach, auf das eine wimmernd sich windende Planke von der Mole hergelegt war. Ich hörte nur diese Planke mit ihrer fast menschlichen Stimme, obwohl nun das Stimmengewirr ziemlich laut gewesen sein musste. Und ich sah auf einmal, nun bereits selber oben vor dieser Planke, eine Art goldumrankte Schneise, die mitten durch die brodelnde Menge der Menschen und Dinge auf der Mole direkt auf mich zuführte, und am Ende dieser Schneise fixierte mich Einer. Geduckt und wie sprungbereit schlich er auf mich zu, doch was er da wiederum in meinem sicherlich starren Blick gelesen haben musste, ließ ihm vor Ungläubigkeit die Augen übergehen, aber keinesfalls zurückschrecken. Eine unheimliche Kraft sog uns gegenseitig an, den hasshässlichen Syrer und mich. Schon hatten wir uns fast erreicht, und er erhob seine Faust gegen mich.

Nun sah ich, dass der Syrer aussah wie ich, und zwar an einem sehr schlechten Tag. In diesem Augenblick hatte Turkyi meine abwehrend vorgestreckte Hand ergriffen und ich war mit ihm aufs asiatische Festland gesprungen, das heißt, mein Körper war gesprungen und strauchelnd und Leute rempelnd auf der Mole gelandet, und meine Tüte mit den Kaktusfeigen war ins Wasser gefallen. Mein Gegenüber jedoch schien ebenfalls an mir vorüber gesprungen zu sein, und die schmale Schneise war wie von Zauberhand verschwunden. Das alles hatte nur ein paar Sekunden gedauert. Auf einmal hörte ich wieder das Geschrei von Gegenstände wuchtenden und dirigierenden Männern. Anscheinend zog der schreckliche Syrer um auf die menschenwimmelnde Toteninsel Arwad mitten in der werdenden Nacht, und seine kostbar ziselierten Trommeln wogten an mir vorüber von Hand zu Hand, vielleicht waren es auch nur aufgemotzte Lederhocker. Den Schreckensmann aber kannte ich schon zeitlebens, wie man zum Beispiel auch den Tod, den großen Fremden in sich, kennen mag, nämlich kaum. Umso schrecklicher seine plötzliche Nähe und unüberwindliche Präsenz, und sei es auch nur für einen unvergesslichen Wimpernschlag. Und da sah ich auch auf dem Dach der schon wieder dahinfahrenden Fähre die sacht sich wiegende Rückseite eines Spiegels in seinem vergoldeten Rahmen. Es musste ein unheilstiftender Spiegel von John Delver gewesen sein, einer jener Spiegel, denen man nachsagt, dass sie durch ihre Kunst, unmerkliche Verzerrungen hervorzubringen, zuweilen auch Doppelgänger mit oder ohne Sense zu erzeugen vermochten. Sie hatten den Spiegel direkt am Scheinwerfer festgemacht, und da war der Weg frei gewesen für einen Lichtkegel bis hinüber zum Strand, wo die gebeugten weißen Gestalten gerade dem spiegelglatten Meer entstiegen. »Lass uns jetzt hinübergehen zu einem anderen und ganz frischen Schmaus, wenn du schon keine Kaktusfeigen behalten kannst«, sagte Turkyi Mahmud Bey, als die Garnelenfischer von Tartous ebenfalls und viel feierlicher als ich an Land gegangen waren, und ich sehe nach gefühlten zehntausend Jahren noch immer ihren Fang wie eine schmale, tiefrote Brandungswelle vor ihren Füßen wimmeln.

Farewell, Aleppo. Sahst du? – Und Palmyra.
Mein Herzarzt Marwan zeigt am Monitor
Was kurz vorm Absturz, und es ist mir gleich
Wie einst ums Herz, als ich vor Ugarit
Ins kölnerdomtiefklare Meer sprang. Fehler
Sind oft schon Anfangsfehler, sagt der Syrer,
Dein ungereimtes Stolpern – harmlos, Unfug
Wie die, in Ton gebrannt, älteste Fibel
Schon Rechtschreibfehler zeigt in Ugarit,
Du sahst die Stadt, ein Schutt & Asche-Lehrstück?
Ach Syrien im Herzen, das schon aufhört
Zu schlagen in der Weltbrust, wozu wechseln
Drei große Sprachen und acht Hochkulturen
Kein Arzt weiß, wie man solchen Abschied einnimmt.

Ein Weitgereister durch ein Uraltland
Erzählte: Wie ein Riesenbruchstück stand
Rumpflos ein Beinpaar da im Wüstensand,
Wo, halb begraben, auch ein Haupt sich fand:
Zerschmettert fast, lächelt noch herrscherkalt
Die Macht so ewig jung und doch steinalt
Wie dieser Stein, den Zeitsand bald zernagt.
Wo ragt die Künstlerhand, die Dauer wagt
So öd?, die in den Sockel trieb den Spott:
»Ich, *Osymandias*, bin es, groß wie Gott!
Seht ringsum meine Werke und verzagt!«
Ringsum jedoch ist nichts und alles gleich,
Wo jetzt, farewell! schon Sand planiert so bleich
Dieses Kolosses Endlos-Einsam-Reich.

Stirbt auch die Welt daran – ewig zu leben
Und fit erstrebte Osymandias schon.
Sein Reichsparteitagsfeld in Theben,
Wo er sich Ramses nennt, spricht auch davon.
Doch Karnak dort, der Fettesäulentempel,
Wirft uns mit Macht ins Liebeslabyrinth.
O Nefertari! Ramses! Eure Stempel
Der Liebe, überall verbürgt, sie sind
Entzückend zahllos in dem Tanz der Säulen
Aus Bernstein oder Honig eingeprägt.
Ins Möbiusband all dieser Endloszeilen
Sind Knackpopos und Blicke hinterlegt.
Lass uns, farewell, als Staub noch, Liebste, tanzen
Mit Sonnen- und mit Sandprotuberanzen!

Der Eisberg Ararat schwimmt durch die Nacht
Und schlitzt Noahs Titanic mit dem Gipfel.
Was hat vom Menschen auch nur einen Zipfel
jemals auf einen festen Grund gebracht.
Selbst nachts wirkt Ararat noch ausgedacht
Vor lauter Gottesmacht und Glanzverlangen,
Und lässt er rings auch goldne Sternlein prangen,
Hat ihn Vernichtung doch so hoch gebracht.
Sein Scheindasein als Eis- und Himmelsfaltung
Ist Finsternis aus reinstem Licht erbaut
Als höhere Ertrunkenenverwaltung
Für ewiges Verschweben ohne Laut
Um dieses Schlackenungeheuer:
Der Ararat bewacht das Urknallfeuer.

Schwarzweißgespenster starren aus den Hecken
Und stehn auf Wiesen in Bergkarabach.
»Wo, Erde, sind die Toten?« In Kriegsröcken
Sind sie versteinert wohl vieltausendfach.
Sie wollen ehrenhaft Untote bleiben
Und ernst ergrauen, wenn der Herbst bunt lacht,
Ist das, so starr, schon *Totengeistertreiben*
Oder Armenien mon amour auf Wacht?
Ihr Helden, überkreuzt mit Graupatronen,
Ihr Grabsteinadler, nun so himmelskalt,
Könnt ihr auf ewig den Basalt bewohnen?
Klingt Ruhm denn wie ein Schuss, der nie verhallt?
Wie finde ich aus diesem Ungemach
Mit euch heraus aus Schattenkarabach?

Ich hab mir keinen Himmelsherrn erschwindelt,
Bin auch *kein Hiob*, der sich sagen lässt,
Wie Übervater seine Wolken windelt
Und Menschenelend noch mit Stieren stresst.
Der Geist, den ich erahne, ist nicht Vater,
Mir scheint auch nicht das Weltall schwanzregiert
Vom Vati-kann aus, diesem Würstchenprater,
Denn Glaube heißt: zu falschem Trost verführt
Durch Selbstbetrug im Schafstall der Gemeinde,
Nicht Liebe. Gilt das, Liebste, auch für Zwei?
Ich schätzte Illusionen, wären's Freunde
Und wären Leib und Leben auch dabei.
Knallhart und zart, doch niemals Schuld und Räude,
Soll uns die Erde sein, und Qual und Freude.

Nach Heimat fragt ihr mich? Ich hab Asyl.
Fragt mich auch nicht nach jenem Zentimeter,
Der mir gehört, und sei es nach Gefühl.
Ich hab ihn nicht, bin kein Besitztumstäter,
Denn mir gehört nur alles oder nichts,
Wie vor der Zeit *der Niemandslandsmann* wusste.
Bevor der Chef noch kommt des Weltgerichts,
Der nicht nur damals dafür hängen musste,
Tobt ihr euch aus. Ihr lernt ja nichts daraus,
Aus leeren Gräbern nicht und Wechslertischen,
Und gäb es Gott, er nähme euch heraus,
Um euch nicht mal mit Lehm, nur Staub zu mischen.
Die Schöpfung, seht ihr jetzt, läuft umgekehrt,
Eh ihr noch, was euch nie gehört, verheert.

Wo bis zur Elbe *Wolkenschiffe* fahren
Und stranden in Westdeutschlands Fernost,
Will wohl die hohe See auch offenbaren
Die Windrose schön schief und voller Rost.
Da ist des Bleibens, wo die Schatten eilen
Und wo das Land hält, was es nicht verspricht
Mit Runddörfern und fernentwichnen Meilen
Im Flickenteppich der Refugien dicht.
Ich war nie trüber Gast der dunklen Erde,
Auch du nahmst hier, wo's schön ist, deinen Sitz,
Und die Verwehung unsres Staubes werde
Bis hierher unser bester ernster Witz.
Hier fange unser Seelenrundgang an
Im Kreis von Schreyahn, Ganse, Lensian.

Meist schrien nur Tiere nachts auf *Axels Insel*,
Wo rings der Grenzzaun lieber Menschen schoss,
Und durch das Schlaflied noch zog ein Gewinsel
Wie ein Verfließen, das nicht mehr verfloss.
Zwei Flüsschen dort gerieten ineinander
Und beider Zungenspitze schnitt man weg,
Kleinstwendland nun, unbrennbar, Salamander
Auf unhebbaren Schätzen, und Versteck.
Landzunge, scheinbar Westen, niemands Osten,
Betretbar nur auf krummem Eisensteig,
Dort war fürs Kinderspiel der beste Posten,
War Wildnis, Durchblick, wahrer Fingerzeig.
Schlupfwinkel gibt es noch in schlimmster Lage,
Idyllen auf dem Zünglein an der Waage.

Die Elbeüberquerung mit Rollator
Gelang erstmals im Wendland, das so grüßt:
»Passiere meinen Hungerstein, Gladiator,
Doch weine, wenn du mich aufragen siehst!«
Verweht fast das Geläut auch all der Unken
Im Elbholz, und gestrandet ist der Wal
Nun im Castorenwald mit seinen Funken,
Die keiner sieht und spürt im Strahlental,
Wo selbst – lest Born! – maskiert kommt das Ermüden.
»Beluga« heißt das aufgebahrte Boot
Im schon entsorgten unschuldsgrünen Frieden
Wie endgelagerter Versandhaustod.
Das sei *das Hausboot*, wenn den Styx wir queren,
In diesem Rollstuhl, einst in hohen Ehren.

Was denn erwerben, um es zu besitzen,
In niemands Land im ausgeträumten Traum?
Aus, unbewohnbar schon, *Elbholznotizen*
wandelt durch uns, der uns nicht kennt, der Baum.
Wo wie von Schaufeln kratzen die Gedichte
Und uns ein Vers wie eine Bö durchfährt –
Genug Ideen geschippt, ringsum Gesichte
Vom Wesenskern, der auf kein Zentrum hört.
Die Welt? Ist nur sehr dünnes Land in Schwebe.
Der Urahn ist zugleich hier Kindeskind.
Ringsum spricht jeder Laut von einem Leben,
Das durch und durch vergeht wie Sonnenwind.
Gotts Mühle, unsere, kann auch schneller mahlen
Und uns entsorgen und ins All verstrahlen.

Ihr hattet die Abfahrt *nach Cumae* verpasst
Und auf einmal lag links statt rechts ganz tief unten
Neapel, und wieder verschlang euch ein Berg
Und wo er euch ausspie, da häufte sich plötzlich
Camorra-Spaghetti, ein Fahrbahngeschlinge
Im kochenden Bauch eines Kessels, der furzte
Wie Luzifers Fliegen und summte zugleich
Auch sehr süß, und schon musstet ihr tanzen
Wie vom Schiffskoch gestochen im Kreis von tausend
Gehissten Hemden und Höschen ums Mastwerk
Aus leichengefütterter Pasta, wie funkten
Bei so einer Kreuzfahrt doch Chassis und Planken.
Nun fahrt dahin auf der Menschheit Windjammer!
Orakelte da, jetzt als Luftgeist, Sibylle.

Nimm mir Gewissheit! Wahr – das ist die engste Zelle
Christian Lehnert

III

Klobikau nennt sich ein *Kunstberg* der Urknallgewalt.
Unheimlich, wie aus dem Nichts, wuchs der Petersbergbruder
über dem ältesten Landkreis von Deutschland als Wächter,
dann als ein nuklearer Zwingherr der Welt.
Leer sind seit langem die Midgardschlangensegmente,
lehrreich und scharf sind nicht länger die Sushis des Schreckens,
längst stockt die Sojasoße des Teers auf den Toren,
rieselt Beton, der auf Reis oder Trockenschnee macht.
Meterdick lastet und raugelb der Stahl, doch er schwebt auch
über dem trügenden Grundbuch der Geiseltallandschaft,
wo, ist der Text hier sediert längst, was Geisel hieß, fließt,
wo schon jetzt hörbar ein Lied weht jenseits der Menschen.

Klobikau nennt sich ein Grab der verwirklichten Träume,
Zaubernuss, Urpferd und Tagebau, kalkiges Machthirn,
alles ist drin, von tiefst unten zuoberst. Und dennoch
wächst für die schönsten Geosekunden der Wein
über dem Geiseltalsee. Aus Südafrika fliegt nun
wieder der Bienenfresser, der Prallhang und Schüttgut
liebt und sich Heimat wie wir in das Haltlose bohrt.
Oben im Krügerpark wandern in Herden die Büsche
über den blühenden Abraum der Halde und ringsum
macht auf dem Schachbrett wie immer sich endspielbereit
Deutschlands Mitte mit seinen alten zerwölkten Figuren.

Ich war in den Dachstuhl von *St. Peter* auf dem urzeitlichen Petersberg gestiegen, um das Seil für den Kronenleuchter hinunterzulassen. Vorher musste ich jedoch noch wegen dem Seil die Stiege zur hölzernen Hängebrücke, die durch das Dach des Kirchenschiffes führt, hinaufsteigen. Von dort war die Bohlendecke in einiger Tiefe nur noch zu erahnen. Der Steg schien auch im Dunkel irgendwo in der Tiefe der Kirche einfach abzubrechen. Aber die Säule eines seltsam ziellosen Lichts lehnte dahinten noch schräg an einem Stück Handlauf, einem fahl glimmenden Winkel aus Holz, wo der Steg anscheinend noch eine Abzweigung machte. Es war eine Art Milchstraßenschein, aber kein wie in Ewigkeiten stillstehender, sondern ein grieselndes, ja schmirgelndes und die Augen nahezu ätzendes Düsternislicht, das auch noch hörbar anschwoll. Es hatte nämlich zu regnen begonnen, und ich schwebte in einem ungeheuren, staubtrockenen Luftschiff weit oben im Regen. Aus der Tiefe riefen sie schon nach mir. Ich fand den Federverschluss am Austrittspfosten der Stiege, hakte die Öse mit dem Stahlseil aus und tastete mich wieder hinunter. In Augenhöhe mit den Stegplanken verharrte ich für einen Moment. Der Steg mit seinem Geländer wie auseinandergebogene Rippen schien jetzt ganz hinten überhaupt nur noch an einem grau oszillierenden Gazestreifen zu hängen. Schließlich abgestiegen, kniete ich mich an die Luke in der Bohlendecke und legte mich, um möglichst viel zu sehen, flach hin. Rechterhand da unten ließen sie gerade silbergraue Seide wie eine stumme Lawine von der Empore hinabfließen, und ein kleiner Doppelring funkelnder Lichter war auch schon direkt unter mir zu sehen. Das war der Leuchter, der auf dem Grund der Kirche das Ausmaß eines Kinderkarussells hatte. Mein Seil kreiselte gemach hinab. Dort unten bewegten sich breitseitig seltsame Wesen mit gegenläufig wechselnden Ausstülpungen. Zwei davon verharrten und reckten aus ihrer Mitte hellere Flächen nach oben und eines schließlich zwei Tentakel, mit denen es das Seil ergriff und einhakte im Leuchter. Ich begann am Flaschenzug zu hebeln, und die beiden Feuerkreise ruckten mit unendlich langsamen Pendelschwüngen zu mir nach oben. Die Seidenwand bauschte sich auf vor dem Rundportal im Mittelschiff der Basilika. Da schloss unten einer eine lange nachhallende Tür, und die Seidenwogen begannen seitwärts auszurollen bis an den Strand der Grablege. Die dort nebeneinander gelegten Menschlein waren zu Sandstein gebleicht, und im hinauf ruckenden Leuchterschein schienen die toten Männer noch mit ihren Schilden abwehrend zu zucken. Ich sah Mechtild, die sich scheinbar wieder erheben wollte, und von Lucardis nur die über der Brust gefalteten zitternden Hände, aber Konrad der Große lag schon in einem Strandabschnitt, den ich von hier oben nicht mehr einsehen konnte, und ich sicherte das Seil. Ich war noch in Gedanken bei den grauseidenen Wellen am Strand der Wettiner, da stieg ich, zu meiner Überraschung, erneut die Holzstiege hinauf. Ich ging die Hängebrücke entlang auf die inzwischen noch mehr gebeugte und wieder hellere Lichtsäule zu. Irgendetwas Schattenhaftes darin fing an zu flattern. Die Brücke schien etwas zu durchzucken und erbeben zu lassen, und das kam nicht von meinen Schritten. Es waren auch nicht meine plötzlich wie ausgehakten Knie, die durchdringend mit Quietschen anfingen. Mit beiden Händen, nun in der Lichtsäule und bei der Abzweigung der Brücke, krallte ich mich an den hölzernen Zügeln fest, als nämlich ein leviathanischer Rachen rasselnd Luft zu holen begann – und da zerknallte über mir und um mich herum ein metallenes Gewölbe. Zwei, drei der trümmernden Glockenschläge mochte ich noch wahrgenommen haben, bis ich wie auf einem bockenden Rücken im gellenden Schlund des Vierungsturmes ritt. Hätte all das pendelnde Metall da plötzlich schweigen können, wäre mein anschwellender Schrei zu hören gewesen, der Schrei eines von Bord der Titanic Stürzenden, das Triumphgeheul eines sterbenden Wikingers, der den Brustpanzer sprengende Schrei des Urpferdjägers. Und ich hatte bei meinem Ritt übers Meer deutlich die Rücken der Berge vor mir gesehen, wenn auch in unendlicher Ferne, die Berge des Urals, die als erste im Osten den rotschwarzen Petersberg dann doch noch beträchtlich wie für ewig überragen, wenn schon versunken ist das letzte Kirchenschiff.

Ins schwarze Glimmerband gebuddelt, ins
verkohlte Bohlenwerk geschrämt aus Pinie,
aus Zeder und aus Zaubernuss, wir suchen
im schwülen Grund, im Jahrmillionen-Abhub

den einen Succiniten mit Inkluse,
das süße Bernsteinzimmer der Erkenntnis,
den Elfenreigen mit Plateauphase
kurz vorm Orgasmus, höchsten Schreis Gerinnsel.

Wir wissen nicht das Lichtjahr, das uns schlingt
samt unserm rüsselnden Gezähe, aber
wir graben nach dem höchsten der Gefühle,
dem Glücks-Ejakulat, zeitlosem Schmuck.

Wir selbst im Honiglicht sind *Trauermücken*
mit dieser ewig großen zähen Geste,
in diesem Ballkleid nur aus Todesschlieren
und bald schon tief im schwarzen Flöz der Zeit

Nach skeptischer Brautschau tun es die *Halloweenkrabben*
mit all ihren Gliedern Auge in Auge umschlungen Millionen

Die Krabben ziehen um nach der Zeugung ins Meer
allesamt seitwärts gemach gradeaus ohne Schleichweg

O Tanz kleiner Schwäne seitwärts ins Buschwerk zum Meer
ruckweises Trippeln noch über die Trümmer der eigenen Leute

durch Fenster und über die Mauern selbst über den Strommast
zieht das lebendige Eiweiß wie ein Kunst-Gedicht seinen Weg

Zerfetzte, doch lebende deutsche oder belgische Fahnen
so hissen sich selber die siegreichen Halloweenkrabben:

Sie dirigieren mit roten und großen schneidigen Händen
ihr Bolschoi-Ballett inmitten des Schlachtfelds der Straße

Meist schwarz ist ihr Kopf und darauf die Scherenfernrohre
mit denen sie scharf stets das Meer und die Mahlzeiten sehen

Von Gold kann ihr Rumpf sein wie ihr graziles Gestänge
das Straßen pflastert im grundlegenden Weltengewimmel

Zersplittert von Rädern die Toten so frisch und nun Leckerlokale
Die Halloweenkrabben speisen mit Stäbchen Messern und Gabeln

Ihre Ofenklappenmünder beschicken sie mittags wie Banker
schnell doch genussvoll und ein Konzern sind Himmel & Hölle

Kann sein, der Flugfuchs ist erst dann geflogen,
Als schon der Menschenfuß die Erde trat,
Und hat sich darum unbekannt verzogen,
Weil er schon ahnte, was sich Füchsen naht.
Vulpus volatus nährte sich von Fischen,
Sein Bau war für Momente stets ein Wal,
Und hochgetürmt im Sturm die mörderischen
Sturzwellen prellten ihn noch nicht einmal.
Es scheint, der Flugfuchs ist auch ausgestorben,
Kann sein, wir wissen kaum was von der Welt,
Nur wie wir, Wüsten bergend, uns ermorden
Und nur, was für uns zählt, auch zählen: Geld.
Wir sind die schießen, prellen und umhauen,
So prellt und schleudert uns nun selbst das Grauen.

Wir fuhren nach *Eilland* und gingen im Eilschritt
herum an den rauschenden Ufern, wo gestern
der Krater noch klaffte. Und jetzt? Großes Kino
lief hier und wir waren im ganz falschen Film.

Zerschlagenes Licht durchnässte die Jacken
und ätzte die Haut. So schäumt keine Venus.
So schießt höchstens Mars sein Ejakulat.
Salzkohle gerann hier im Nabel der Göttin.

Mars warf den Weltenbaum stückweis an Land,
die Förderbrücken zerrieb er zu Sand.
Nun glitzert es zwischen zwei Fingern wie *bluot*
zi bluoda, rot schäumen die Wellen des Abends

und Merseburgs Schorf rastert den Sichtkreis.
Gleich unter uns lodert der Erdball, darüber
weht Vakuum beinahe staubfrei. So dünn
läuft ab hier der Film gleich beim Drehen der Welt.

Ich folgte Verbotsschild und Schleichweg, da kam ich
noch bis an das restliche Urmeer von Sachsen,
Golmuzi, Thietmars orakelnder See,
nun blutleer, doch aschfahl ins Unland gemuldet.
Da saß er am Ufer im Niemandsland der Produktionsfront
und hatte den Deubener Rauchsäulenwald
schon vor mir durchritten auf dem Rücken des Rußes.
Er wusste, was blüht unterm sächsischen Kahlschlag:
Abraum und Unzeit. Er suchte, wo blau noch die Blume,
von Beibruch umrieselt, sich fand, im Grubensumpf
rann noch die uralte Nachtsaline des Himmels
und an der Gradierwand in uns die sprühfeinen Weiber
umfingen uns gänzlich mit wassernem Weltallgeklingel.
Novalis, Erstbeschreiber des Himmelsbriketts,
und Hilbig, der stur in den Staub stieß
sein abgebrochenes Ruderblatt.

In diesem Restloch bei Deuben lag noch im Rasseln
der hungernden Espen und Birken ringsum
der wirkliche Wolfgangsee unheimlich schön.
Da wuchs mit dem Wind seine Spiegelrückseite:
so trocken und plan macht nur Kohle den Staub,
und ewig war Spätherbst am Strand von Golmuzi.
Da stak *Hilbigs Boje*, verwinzigt zu Blattgold,
ich schmiss einen anderen Pullenverschluss.
Wir warn schon im Rausch ohne Trinken, wir tranken
den klingelnden Rest aus der Kumpeltodflasche,
Prost, Kaschi, prost Poe! Wir tranken ganz anders
als jener Welt-Greis, der alles gleich grapscht,
und rein in den Schlund das Glück vor der Tür.

Da warnt jetzt kein Schild mehr, wo einst der See war,
da gruneln im Grund neue Birken und Espen,
doch bald verschwebt auch ihr gedrängtes Gestänge,
geht alles zur Neige im Gleichklang schon jetzt,
ein Celidon unbehauster Kohledämonen,
des schweigenden Schweins und der knirschenden Taube.
Nun spült der Atlantik den schlurrenden Angstwald
und Hochglanzitalien flaggt leer sein Azur,
ein Display, bald schwarz im Empfangsloch der Welt.
Nie mehr im Sturm wird ein Eichwald hier rumpeln,
kaum einer mehr kennen, was umgeht so blickdicht.
Glück ab, Novalis, Hilbig, Glück auf.

Südlich von Leipzig die Tundrabirken da oben
geh über das Fjäll mit Kuckuckslichtnelken
Millionen Insekten an Handys können nicht irren
Sie bauen auf den Fels der Verschüttung
sie leben auf Kippe das ist die *Hochhalde Trages*

Ein Zeitalter früher noch sah ich von unten
und braungilb wie durch eine Brille aus Altöl
die Kipper und Kipploren von Ramsches III.
hochkriechen im Tagebau »In ferno Zukunft«
gab es kein Zagen kein Zittern wie Espenhain

Der Schichtbus nachmittags um fünf
fuhr manchmal triumph durch eine Allee
aus waberndem Schwarz links und rechts
stand Volkspolizei zur Ehre des Bergbaus
im Zehnmeterabstand mit brennenden Fackeln

Du konntest am anderen Morgen die Augen dir
reiben und hattest dir Würmer gerollt ich nannte
die Tiere Brikettwürmchen etwa zehn Stück
ergaben beim Zünden ein Püff oder Zisch
im großen Schleuderascher des Landes

Ich seh noch wie hinter dem Panzerglasfenster
des Schutzhäuschens hoch auf dem Laufsteg der Kohle
als sie schon schossen und stürzte die Bergwand
den Kumpel wie taubstumm was brüllen: Novalis!
Sieh zu dass du Land gewinnst Spinner!

Nun nennt man das rings um mich her stolz Neuseenland
Ins Südliche Schlachtfeld Napoleons und Ulbrichts
kommt wieder nach Sachsen ein Vortrupp des Meeres
Bye-bye Süddakota so marsrot und zyanblau mit Lachen
wie Lakes ihr sepiabunten Badlands good bye

Ich seh schon hier oben die winzigen Späher
wie sie Róża beschrieb: erst eine Handvoll
von Wasser ein Halm dann am Halm
Käfer an Käfer im Panzer aus schwarzblauem Stahl
So also wächst er über Leipzig der Himmel

Mit Fichtelberg Brocken und Kulm mit fernblauem
Mansfeld Merseburg Halle Zeitz Röcken
Unverschämt blau wie vom Farblehrer Goethe
ein hymnisches Festkleid aus Nacht auch und Tod
über dem Reich der Gefräßigkeit hier

Auf diesem Sichtkreis Meersachsens erkenne dich
Kein vor Ort nirgends mehr und alles fragil
wie ein schon Kohle fressender uralter Saurier
und so leicht wie ein rostgelbes Blatt nun
Fällt es nach hier? Oder fällt es nach dort

So schnell das Auge sieht im ICE ein Surfbrett vor dem Kopf dicht am Ereignisrand und in so schönen Schlieren abbiegt in ein Schwarzes Loch wo schon das Antiholz das Antihopfenfeld die Antiwolken wachsen sich ausdehnen in das Nichts als liefe im Gehirn das ganze Leben ab sekundenschnell beim Sterben doch vielleicht macht es nur lange lange Schlieren und die Deadlines schneiden sich in der Unendlichkeit in uns Neutrinos ohne Halt und ohne Heimat im ICE im Eis der Schnelle und wir schneiden unberührbar und schnurgerade wie Neutrinos aus der Sonne und den Supernovas was einst Landschaft hieß und queren unbemerkt das Herz der schlaflos hellen schnellen Finsternis es scheint *Neutrinozeit* zu sein wo alles abfährt aber anzukommen als Desaster gilt hier am Ereignisrand wo alle Fahrzeugteile dieses aufgeblähten Sternes noch mal ganz perfekt verortet und verspiegelt scheinen auf der Malstromwand der Fenster und der Monitore gänzlich staublos mit der virtuellen Linde vor dem Tore zur Unendlichkeit doch was verfließt ist nicht mehr Zeit das ist schon Raum … … …

Die brüllenden Wellen der Feliden
Rentiere Mammuts Höhlenbären
die Schwertphalanx der Wollnashörner
alles fährt auf der Route de Soleil
zu jeweils seinem *Kessel von Estre*
die streikend weidende Herde der Trucks
tausend Generationen airbrushing
auf ihren Schauseiten – rein gar nichts
stirbt aus selbst ich nicht den Mund voll
mit sprühendem Abendrot Sohlengänger
auf der Magmahaut und Oberflächenforscher
ein Panneau für Platons Schattenspiele
und mundgeblasenes Stoppschild am Abgrund

Von Gaskkamus Kante ins Trogtal blicken
einem Lofotadler auf den Rücken
zerschreddert sein wie Lapplands Wolken
das Grab der Trommel queren sterben
die Todesflügel auf noch mal als Adler joiken
durch das Weiß-Nichts abwärts stürzen
abwärts stürzen auf dem Hinternschlitten
tot sein gehen einmal noch umdrehen
zu dem dünnen Strich an Skeisis Wand
einmal nah von Hel geschrieben haben
in dieses unlesbare Buch die *Rune Isa*

Der Fächer Amsterdam rauscht auf und fächelt
und sinkt ins Seegras denn *Mongolen kommen*
und gehen und man merkt sie kaum wenn sie
breitbeinig sitzen als ein roter Halbmond
nah Café Hoppe bei der Schlangenkurve
kreischender Trams da zirpen die Mongolen
auf ihren Metronomen ihren Pferdegeigen
auf ihren Köpfen kreiseln kleine Jurten
aus ihrer Käferseide blitzt Chitin
und tausendäugig die Mongolen sehen
alles sie blasen an die leisen Orgeln
hinter den Rippen und im Schädelklangraum
Sie kommen gehen und sie reiten auf klug
nickenden Bürsten ein man sieht sie hört
sie kaum die Liederpfeile nicht wie sie
vom Bogen schnurrend lange lange fliegen
und nicht vom Wind gewellt die Seidenfahnen
Sie reiten durchs Grasmeer am zirpenden Spui

Vom Weidehügel nachts hat eine Kuh nach wem gerufen
Die *Abgrundtiefe* war es lauter Spreu auf allen Stufen
zu ausgedroschenen Äonen nur ein Himmels Tiefseeschlund
fror gläsern und mit Irrlichtzucken aus dem Fernglasrund
und rann der Alpha Tau Neun-Null am Chiasma opticum
und ergo sum als achte Träne hin zum Einstreu der Plejaden und
herrgott! wir hingen an Frau Welt mit Füßen und mit Hufen

… No, this my hand will rather
The multitudinous seas incarnadine,
Making the green one red.
William Shakespeare, Macbeth

IV

Barbarisch jeder Vers verfasst nach Auschwitz,
Wie kommt es, dass es mich nicht gleich erstickt?
Auf Shakespeares Knochen steht mein Hoch- und Lauschsitz
Als Wachturm da der Angst, und arg beglückt
Seh Schönheit ich vorm Draht unmenschlich blühen
Und hör sie selbst im Nevermore-Gekrächz.
Drin reißt was, sirrt was, Tinnitus auf Knien,
Der Churban schrumpft mein Hirn zum Bleichgewächs
Und mich durchfährt: Seit wir auf Erden Leichen
Aussäen, ist zu sehen, was geschieht:
Nach und von Auschwitz sind gestellt die Weichen,
Die Ernte rollt, und die Reißleine zieht
Der Ich-Gott Mensch, sein Himmelszelt zerreißt er,
Und bleibt denn Shakespeare noch nach Auschwitz Meister?

In Birkenau am Rand der Schreckensrunde,
Wo Kiefernhaine um die Teiche stehn,
Fanden wir uns im schönsten Wiesengrunde
Und rief der Kuckuck sein Farewell so schön.
Zwar war am Ort kein Picknickkorb zur Stelle,
Kotzübel eher gingen wir herum,
Was aber meinte goldgrün die Idylle
Beim Rest vom vierten Krematorium
Am Waldesrand im goldenen Frühlingsregen?
Wem war *der große Wurf* gelungen hier
Mit Kindern, lebenden, in hohen Bögen,
In diesem Feuergrubengroßrevier?
Wie kann ich Auschwitz noch unfassbar fassen,
Wenn wir Gas geben und die Welt verprassen.

Ist denn der Schoß der Schöpfung schon steinalt?
Ihr Kind, ein Greis, kriecht da. Er kniet. Er wittert.
Das ist der Herkules vom Betlèmwald,
Gekeultes Glück, farewell und Gott getwittert.
Ein Eulenruck, dann wie ein Luchs geduckt,
Den Bart gerafft zum abgrundtiefen Rauschen,
So wird es Nacht, in der kein Lid mehr zuckt
Des Sandsteinmanns beim Galaxien Lauschen.
Das war der Mensch aus Fleisch und Bein und Laub,
In Stein gekratzt sind die gezählten Tage,
Als hätte je ein Boss von Stern & Staub
Sich ausgerechnet diese Menschensage.
Garinus, hilf! Wir sind die Augias-Jünger,
Der Stall ist voll, die ganze Welt ein Zwinger.

Die Rückwärtszukunft setzt ihr queres Zeichen,
Den alten Sack mit seiner Dauerlatte,
Mit seinen Reinmachfrauen und der gleichen
Protzkleckerburg, die schon Herodias hatte.
Er droht dem All mit dem Raketenpimmel
Als Zeus und Mr. Burns, die gleichen Nasen,
Und stirbt er, wird er gleich Big Boss im Himmel,
Die Engel zwingt er hier schon, ihn zu blasen,
Farewell, my kids!, stöhnt er beim Kommen.
Besaß nicht schon die erste Menschheitshöhle
Ein *alter Sack* und war auch Haupt der Frommen
Und hielt dem Sohn sein Messer an die Kehle?
Ich übe selbst ja noch aufrechten Stand,
Doch hat den nur die Liebste in der Hand.

Sein Spiegelbild kennt längst nicht mehr die Quelle,
Denn was sein Display nicht mehr widerspiegelt,
Ist ausgelöscht: *Narziss* tritt auf der Stelle
Sein schnelles Laufband, und stets frisch gebügelt
Walkt er von sich zu sich. Statt sich zu bücken
Zu seinem nassen Daseinsgrund, bezieht er
Beim Nüsschenknacken und Sichselberficken
Jetzt alles durch das Viereckloch und sieht er,
Welcome! gern sein geklontes Bild antanzen.
Als Selbstvertrottler bei St. Schläulich übt er
Das mehrfach pro Sekunde sich Verwanzen.
Das ist des Reststerns letzter Ungeliebter.
Mich selbst schon schminkt ja hier des Displays Leuchten
Jenseits vom Warmen, Krummen, Wahren, Feuchten.

Vom Her und Hin unserer Seelen wissen
Wir wenig, nichts, was sie von tiefher wiegt,
Kaum von der Wolke unterm Kopf, dem Kissen,
Und wo das hinführt. Ängstigt. Selig trügt.
Ich schreibe dir bei Nacht mit Blei, ich schreibe's
Im Dunkeln aufs Papier, weil mich ein Welt
Herrchen im Traum im Kampfturm seines Leibes
Ans Licht zog und mich, wach, dem Tod zuzählt.
Mein Lieb, durch welche Nacht mit Machtkontrolle
Sinkst du? Bleischwer, mein Pommern abgebrannt,
Fahr ich nun hin, ich bin von keiner Scholle
Der Herr, nur Nowhereman im Niemandsland.
Bist du das, Lieb? Komm, lass uns segeln
Im *Flügelwind* von Brendans Engelvögeln!

Apropos Krieg, krieg ich noch was zu trinken?
Fragt Otto an der Bar den General.
Soll ich die Ukraine so abwinken,
Die große Langeweile Not und Qual?
Ich kriegs so satt! Das Meiste ist getrunken,
Ich trank meist, Lysistrata, schön mit dir,
Doch kraftlos gegen die Geschichtshalunken
Wirkt Liebe aus dem Niemandslandrevier.
Zehntausend Jahre mit den Waffen ficken,
Hört, scheints, nicht auf, weil so das Männchen schallt
Von Homo sapiens beim Weltmissglücken,
Und eh die Welt brennt, macht es sie noch kalt.
Wie, Lysi, sag – da winkst du ab, sagst prost!
Ein Wörtlein nur, zum Teufel, spendet Trost.

We drive insects out of their nests with smoke –
An Ukrainian drone at work, so las ich
Auf YouTube. Da erwachte ich, war woke:
Ein User schreibt: *Fantastic kill!* denn spaßig
Erscheint ihm diese Auferstehungsfeier
Von Zyklon B, das, wo du drückst, noch rausspritzt:
Per Joystick spritzt ein Killer ohne Eier
Und Online-Himmler, der sein Leben aussitzt,
Das Grausen! So erklär mir, Liebe: Bin ich
Auch abgefahren so aus dem Azur
Als Freudenknüppel? Sag, wie bleibt nun innig
Und ungelogen unser Liebesschwur?
»Du bliebst mir ohne jeden Schwur ja treu.«
Doch jetzt, als ob ich ausgeräuchert sei.

Der Wiking-Baedeker endet mit *Klefsan,*
Dem armen Hund, der noch mit blutigen Lefzen
Die Totenfee Banshee ins Lachen kitzelt.
Wenn Klefsan blödelt, zuckt der Widerrist
Irrlands, und es muss wiehern. Solchen Racker
Verstößt Fortuna ungern. Auf den Mist
Schiebt sie ihn schließlich, wo er fault und witzelt
Bis in das Grab. Doch als der Knochenacker
Im Krieg ganz neu bestellt war, da kam wacker
Der Schädel Klefsans wieder hoch und fand
Hoch auf der Mauer Platz und schwatzt – dir weicht es
Die Kehle: Klefsan, lachst du, komm, nun reicht es!
Weise wie Yoricks Schädel schließt der Band:
»Nun weiß ich weiter nichts von diesem Land.«

Stammt noch vom Wolf ab bei der Joggerin
Der Wurfspielmix aus Comic und Natur?
Sie tritt nun knöpfelnd auch als Bloggerin
Im »Endless Armageddon«-Shirt die Flur.
Da treiben Skarabäen hin im Pulk
Mit funkmobilen Peitschen in der Hand
Zur Selbstaustreibung, Altägypten-Ulk?
Insekten schaun auf Pulsuhrn aus dem Land,
Zahnputz und Beischlaf, gleichgestellt, das war's
Für Todestriebin und für Todestrieb
Vor ihrem Start als Mäuse auf dem Mars.
All das Vertriebene im Weltvertrieb.
Ich sah einst, wie auf Fahrt mein Pissstrahl knickte
Im Bahnklo – wie die Welt mich noch berückte.

Brendan bin ich, du *Berg mit dem rötlich strahlenden Gipfel*!
Hoch von hier oben jetzt sehn Frankensteins Stätten so aus
Wie verglimmende Feuerstellen. Des Wagens starrsinnige
Sterne verschwinden nun doch hinterm Gewölk oder Rauch,
Wie sich Grenzpfostenlöcher füllen mit Schlamm und wie sieben
Grenzsteine, bald schon verschluckt. Zischend fliegt in den Baum
Immer die Axt, da verseufzt die Dryade. Wo bleibt das Volk denn,
Das alle Zäune verbrennt, dafür stehn lässt den Wald?
Halbfertig sah ich jüngst Zäune von hier aus tief in der Steppe
Enden, vorerst, und ich sah Frankenstein gehen nach da,
Hochgeschlagen den Geiz-Kragen, mit Landvermessern im Schlepptau,
Auf Besitzinspektion, während der Himmel ringsum
Herrliches trieb mit der Erde, doch der sah nichts, sah auch nicht fliegen
Alle Nacktengel umher, sondern er suchte nichts mehr
Als ein altes Votzen-, nein, Pfostenloch bloß! Und dann sah ich,
Dass der, von Teufeln umringt, mitten in einem Morast,
Einem stygischen Sumpf stand und seine Grenze entdeckt hat,
So ein kleinerer Stein wie ein erloschener Stern,
Der die einstige Stellung eines Grenzpfostens markierte.
Schmeiß mich, du rötelnder Berg, wo ich kein Bootsmann mehr bin,
runter und stoße ins Lazarusloch mich, den falschen Lynkeus
Und gleich fürs Schlimmste mein Ohr ohne Schließklappe fürs Hirn!
Eine Gesellschaft zur Verbreitung nutzbaren Unwissens,
Wissens von Wundern, sofort würd' ich die gründen, jedoch:
Freiheit, rief die Vernunft, Freiheit die wilde Begierde,
Von der heiligen Natur rangen sie lüstern sich los.
So, Brüder, sieht das nun aus hier vom Berg mit dem blutigen Gipfel!
Wenn ich genauer hinseh, juckt's mich, wie jüngst, manchmal jäh,
War einer der Landmesser Frankies der Höllenfürst selbst doch!
Ich, längst kein Heiliger mehr, sitze hier oben und muss
Wie ein hässlicher Zeus jetzt abwarten todkräftige Blitze,
Aber das Monster ist er, Frankenstein! Stets an der Macht!
Die Politik? Schmales Feld das, tief unten, wohin die noch schmalere
Landstraße immer nur führt! Tabakrauch, sofort verweht!
Doch in den einsamen Luftraum herauf bis zu mir jetzt trägt manches
Windes Gequatsche den Schall menschlicher Mühen und Lust.

Hoch von oben kann stürzen die donnernde Last wohl in Kürze.
  Oder verrostet die Welt, stirbt gar nicht mit einem Knall?
Schreckt euch der leere Himmel, sucht ihr stets sonstwas auf Erden,
  Nicht den Gedächtnisschwundgrund, und so naht bald der Tag,
Wo das Betreten der göttlichen Erde allein noch bedeutet:
  Unbefugt seid ihr dort, weil nur Privatbesitz herrscht.
Trotzdem klebt ihr an der Erde, erhebt euch kaum mehr, ach ihr Leute
  In den vier Wänden, wie ihr Tage zu Nächten nun macht
Mit euren Lampen, Bildschirmen und wie ihr sie sehn wollt, die Sachen,
  Die ihr gehäuft habt um euch, seit sie begann, diese Welt,
Als ihr eure Feuer entfacht habt, zu sehn den Besitz auch!
  Immerhin kommt stets die Nacht, und jedes Feuer geht aus,
Auch dieser Gipfel samt Berg vergeht, mag die Welt auch nicht enden
  Mit einem endlosen Knall, sondern verrosten wie der.
Irrlichtgeist tritt in noch fremdere Flur, und das Gleiche nur
  Ist's, was an Gleiches sich reiht. Regel wird alles und Wahl,
Und digital wird das alles und ist wie ein stillerer Krieg jetzt,
  Unsichtbar bleibt die Front. Denkt ihr, dass nichts mehr passiert?
Alles scheint ruhig, aber die Dinge weichen zurück nun
  Oder, Hals über Kopf, suchen das Weite, den Schluss.
Alles stirbt fast Knall und Fall, nur ihr Auferstandenen drängelt,
  Senkrechte Mumien, hinein in die beschleunigte Bahn
Hin zur Endstation für das Urteil! Eine verstorbene
  Menschheit seid ihr im Sarg, die nur noch Pappschuhe trägt
Und einen Wegwerf-Anzug. Jahrelang mag noch und länger,
  Viele Jahrhunderte lang, diese Mumie bestehn,
Mag das trügende Bild von lebender Fülle andauern,
  Bis die Natur erwacht, die nicht mehr fingert, die haut
mit ihrer Faust auf das hohle Gebäu, ihr Leichenzugleute,
  Die nicht den Boden mehr sehn, gar nicht mehr die hohe See,
Kaum, wie Verbrecherwut aufsteht zum Ende und elende Menschheit
  Sucht die verlorne Natur in der Asche der Stadt.
Hoch von oben herab sehn aus schon eure Frankensteinstätten
  Wie nur noch Reste von Glut. Homerisch alt seht ihr aus.

Farewell, du Menschenwelt, ich hab dich satt!
Du zwingst Verdienst zum Betteln, kaum errungen,
Du machst, dass nur der Nichtsnutz alles hat,
Und hast Klarsicht zu Lug und Trug gezwungen.
Du hast uns Gentlemen ins Aus gestellt,
Als Pornostar sogar dich selbst geschändet
Und allen Lebensmut laut ausgebellt,
Bis jede Kraft in schlaffer Hast verendet.
Die Kunst, jetzt verbeamtet, ist verstummt,
Die Dummheit pumpst du in die Wissenschaften,
Selbst ein Genie, von so viel Scheiß verdummt,
Geht in die Knie und kann dich nie verkraften.
Du machst mich pappesatt und noch zum Schwein!
Doch s o ließ ich die Liebste ja allein …

Stirbt denn der Stern an Räubern und an Flegeln
In Shakespeares sechsundsechzigstem Sonett?
Dies trunkne Schiff mit prallgefüllten Segeln
Und fauler Fracht, will es den Tod komplett?
Den Ausgang aus Entmündigung und Sterben
Sing laut im couplet auch als ein Couplet,
Das lachend nicht mehr will all das Verderben
Und losfährt auf ganz andre hohe See.
Denn wenn du liebst, fährst du ja nicht alleine
Und wieder möglich wird die *Neue Welt*,
Selbst wenn gekappt wird manche Hoffnungsleine
Und nur noch stark sein, also lieben, zählt.
Wenn Längen, Breiten ineinandergleiten,
Scheitern die letzten falschen Sicherheiten.

Sie heuern auf dem Wrack an als *Boatpeople* …
…
…
…
…
…
…
…
…
…
…
Wo sie noch stranden, sinken sie im Sand
Und nicht an Land mehr lässt sie niemands Land.

Die Eiszeit ging. Es kam und stieg das Fieber.
Am Ende bleibt nur Poesie vorm Tod.
Die Aussicht wird je lieber desto trüber.
Das Land füllt einen Blumentopf im Boot.
…
…
…
…
…
…
…
…
Die Feder regt sich noch zum Liebeswerben,
Ist Streicheleinheit, zugespitztes Sterben …

Noahs Taube kam nie zurück,
denn sie fand kein trockenes Land. –
Das Zeug, aus dem die Träume sind,
hält eher stand.
Ruth Klüger

And more, much more, than in my verse can sit
Your own glass shows you when you look in it.
William Shakespeare, 103th sonnet

V

An Land noch, bot ich meinen Nacken offen.
Mich küssten kühl die Lärchen, heiß die Zirben,
Lichtgrüner Fadenschein aus Himmelsstoffen,
Ich traf mein Traumbild wie Laurin fast tödlich.
Erst schien die helle Hindin morgenrötlich,
War schnelle Renne, dann schlohweiße Runse.
Und meine Hand griff Sand, ich sah die mürben
Geschmeide grellster Zinnen ringsum ragen.
Ist das die Möndin? Und da wollte ich verzagen,
Bis mich ein Hauch am Hals ins Herz getroffen.
Enrosadira du wie einst mit Haut und Haar,
Lang nicht geletzt, sprang auf das Lippen-Paar,
Und es wird wahr, dass diese bleiche Sage
Noch glühen kann im Abend aller Tage.

Ich lief wie eine Laus entlang den Nähten
Zeitlebens hier in Patchworks Niemandsland,
Die Wildnis fand ich nur noch in den Städten,
Die Erde war, als Floh, mir unbekannt.
Wär ich nicht dir, und also mir, begegnet,
Ich eilte nur in der Kolonne noch
Und läge nie mit dir *abseitsgesegnet* …
Du sagst: spürbarer so noch unterm Joch.
Ich sag: Du, Liebe, läufst auch so durchs Blut,
Wir selber trinken uns so aus wie voll
Wie Laus und Floh mit Spring- und Kriechermut.
Du fragst: Bleibt auch der Mut vorm letzten Zoll?
Ich sag: Wie wir uns schon im Glück vermissen!
Du sagst: Und alles Wissen nicht mehr wissen!

»Believe, dead poets are not always dead«,
Schrieb Arno Schmidt, schon jung ein wacher Zettler,
In einem – seiner Art – Shakespearesonett,
Und war schon da mehr Prospero als Bettler.
Besser als Fake News, Schleppnetz und Granaten
Ist Lyrik – Liebeslyrik also – schon,
Selbst wenn sie irrt mit ihrem Tod auf Raten,
Und Auferstehung lügt als Dichterlohn.
Denn Lyrik lohnt auch unverschont, doch Leben
Schönt sich im Schein, wird erst im Zwielicht ganz.
Schlag nach bei Schmidt: *Titania's Träume* weben:
»Then they will come / with candles in their hands«.
Da geistert selbst noch auf der Weltbrandsheide
Nicht Lear, doch handfest schönste Liebesfreude.

Auch in Paris, schau nur: »Patriarcaca«
Bis an das blau bezogene Bett von Proust!
Andererseits: divers tun hier selbst Macker
Und meinen's ernst mit ganzer halber Lust.
Uns soll wohl Groll von nun an strikt vorschweben
Und Liebe schadlos eingefangen sein.
Selbst hier: Freund Lustarm und Frau Lieblos streben
In den Safe Space lebloser Zeit hinein
Wie einst, wo man sich per Parteibuch liebte.
O Edna in New York! O Swann, Odette
Hier in Paris! Wir wollen ins getrübte
Und eben darum schöne klare Set!
Auf Hochsee aber, Herz, bleibt schwer zu regeln,
Wie wir, ist Neue Welt das Ziel, denn segeln.

Wir sind umstellt – alles Landschaftstapeten,
Doch gibt's Geheimtürn drin, weit in die Nacht.
Mit Mohn und andern krummen Messgeräten,
Zum Segeln haben wir uns aufgemacht
Ins Jenseits. Auch im Diesseits, täglich, lebt es:
Was wird von einem Flügel nur getragen?
Wir leben auch durch dunkel Angestrebtes
Und können, so erhellt, die Liebe wagen.
Zum Sterben schöne Liebe, höchstes Leben,
Kaum kommst du an, sagst du *farewell, my love*,
Weil wir beim In- auch auseinander streben.
Von Landgewinn spreche der Epitaph:
Die Sich Ereigneten ruhn hier enteignet
Im Allbesitz, den keine Liebe leugnet.

Wie die Mohawk noch einmal die Charts ihrer Pflanzen und Tiere
Erntefestdankend durchgehn – so würde Sterben noch schön
Oder trauriger noch als Hopkins' »Espen von Binsey«,
Urteil in letzter Instanz, und wohl vergeblich gefällt.

Im Leib, herzumgedreht, schreit Liebe Hass
Und wäre stumm noch schallendes Entsetzen.
Die Lilie stinkt so – tot, so wabert Aas
Geruch herab von Lofots Stockfischplätzen.
Rings brodelt Leben mehr als anderswo
Und fruchtbar wird selbst Tod, das Leben haut sich,
Wo Hochsee so auf Hochland prallt. Es graust mich:
Opfert derart auch Liebe? Sind wir so?
Bei Eismeers Ebbe, Liebste, lass uns waten
Durch diesen lebenstollen Todesstreifen
Und, uns bedankend – tusen takk for maten!
Den Braten noch in Aquavit ersäufen.
Wir fahren manchmal hoch auf den Lofot,
Doch sucht viel lieber Irrland unser Boot.

Dreihundert Grad um *die Mörderdüne von Skagen*
sehn wir den Sichtkreis gespickt nur mit Schiffen
von Niemals nach Nirgends. Doch eines Sommers
gehn wir zum Grabstein von Drachmann und weiter
am kreidigen Blau der Ostsee zur Rechten entlang,
zur Linken die tiefere Tinte der Nordsee, wir fliegen
»kattegattskagerak!« mitten im Lachmövenpulk,
dann hinter dem Lotsen nach Nord, Ula Brand,
nach Mølen zum schackernden Wikingerstrand
und gehn da noch einmal an Bord wie an Land

Welch festes Zeichen zeigt uns noch die Liebe,
Geht hoch die See und wankt der Küstenstrich?
Wüssten wir noch, was von der Liebe bliebe,
Wenn doch ihr Land zu niemands Land verblich?
Streckt sich die Milchstraße, als sei sie ewig,
Über die Sturmsee wie in dem Haiku,
Und hat der Urknallmüll da oben selig
Nur e i n e n Lidstift auch dabei wie du?
Hier endet auch das Reich des Wissenswerten,
Wenn *fremde Fühlung* dich und mich anweht
Als Wechselstrom des Glücks: Seitenverkehrten
Ist selbst der Schluss Beginn. Doch es ist spät.
Ach weißt du noch, wie grell das Nichts zerstob,
Jene Novembernacht in Ahrenshoop?

In niemands Land schwimmen noch *Heimatinseln*
Verewigt deshalb schon, weil wir sie sahn
Auf unserer Großen Fahrt, doch Einfaltspinseln
Wird, was sie sehn, zum Schlacht- und Aufbauplan.
Schau noch, mein Stern, den Telegraphenhügel
Da am Pazifik, der das Herzblatt gab,
Das immer noch, verhundertfacht, als Siegel
Voranblüht auf dem Gute-Hoffnungs-Kap!
Lass uns mit Atem füllen unsere Segel
Und meermals täglich reisen um die Welt,
Die Mastantenne hält ein Nest für Vögel,
Die Zimmerdecke wird zum Himmelszelt.
So winkt uns Hafenmeister Tod heran
Mit schrägen Segeln wie vor Assuan.

Franziska schwimmt, schwebt rot *durchs Schauerfeld*
Und dreht, wo es schön geht, am Schicksalsrädchen.
Vielleicht wird alles besser neu erzählt
Und du machst mit nun wie bei Schmidt die Mädchen.
Hab ich mich jetzt verzettelt und versprach
Mich freudvoll? Denn genauso bin doch ich es,
Der hier mit dir mitmacht, selbst wenn ich brach
Durch alles Unterholz deines Landstriches.
Als wir in niemands Land uns wieder sahn
Nach all den schaudernd nichtigen Epochen,
Fing besser an, was einst schon gut begann,
Als hätte nichts das Stück je unterbrochen.
Farewell, verfehlte Welt und Un-Glück nun!
Der Traum im Schauerfeld bleibt Eigentum.

Für Frauke

Dein Stift »Sailor's Blue« –
Wie schreibt man Erde? Schreib »Stern«
ein Lidersenken lang.

Anmerkungen

Die hier versammelten seefahrenden und landgängigen Gedichte kämen wohl auch ohne Anmerkungen aus. Man lese sie als Danksagungen, denn wer niemandem oder keinem Umstand etwas zu verdanken hat, der hat schließlich auch sonst nicht viel zu sagen.

Mein Eigentum: *Frau Welt:* Paraphrase zum 87. Sonett von Shakespeare und zugleich Spiel mit dem mittelalterlichen Frau-Welt-Motiv, hier Walther von der Vogelweide, »Frau Welt« (100, 24).

Gen Ginnungagap: *Ginnungagap:* in Niflheim auch die senkrechten Eiswände. *Vom Frost eisweißer Nacht zerissen*: Bertolt Brecht, »Ballade von den Seeräubern«; *Ymir*: Urzeitriese. Er entstand aus der Vermischung des Gletschereises von Niflheim mit dem Feuer von Muspellsheim; *Skalli* (und Hati) sind die Sonne antreibenden Wölfe; *Auf dieser ganzen Reise*: Anspielung auf Wilhelm Müller/Franz Schubert, »Der greise Kopf« in der »Winterreise«; *Garm* ist der Höllenhund.

Böse Geister: *Stallo:* bei den Sami in Lappland ein menschenfressender Riese. *»Tirpitz«:* mit 251 m Länge das größte Schlachtschiff aller Zeiten, es kenterte nach einem britischen Luftangriff 1944 bei der nordnorwegischen Insel Tromsøya. *Siëide:* Schamane der Sami.

Shakespeares Form: *Prospero* und *Ariel* sind Figuren aus Shakespeares letztem Stück »Der Sturm«; dort auch *Caliban*, siehe III. Aufzug, 2. Szene: »Die Insel ist voll Lärm«; *auf Reede liegen*: wenn ein Schiff nicht im Hafen anlegen kann, sondern davor ankert.

Brendans Feld: Diese »Ballade« ist vor allem für meinen Freund Michael Kleeberg, der auf Achill Island zusammen mit seiner Frau ganz ähnliche Erscheinungen erfuhr. *St. Brendan:* (ca. 489–583), Abt von Clonfert. Siehe »Brendans Inseln« (Navigatio Sancti Brendani Abbatis). Siehe dazu auch James Joyce: »Kolumbus, der weltberühmt wurde, weil er Amerika als zweiter entdeckte ...«, denn St. Brendan hat wahrscheinlich eine Insel der Karibik erreicht. *Deserted Village:* auf Achill Island in Irland. *Brendanburg:* Der Name meiner engeren Heimat Brandenburg ist, so Ernst Bloch in »Das Prinzip Hoffnung«, auf den heiligen Brendan zurückzuführen. »Im Grasbett« / »Lauftäler« etc.: das vormalige Rundale-System mit seinen »lazy beds« der Milchwirtschaft mit Transhumance (Booleying) des Viehs auf die Sommerweiden in den Bergen mit den Melkersiedlungen dort (booleys, vom gälischen boullainn: melken); Boley, auch *Booley* ist ein häufiger Familienname auf Achill Island. *Hy-Brasil:* nach einem sagenhaften irokeltischen König namens Brasil benanntes Andersweltreich weit im Westen. Nach ihm wurde Brasilien benannt.

Nowember: *»No sun, no moon …«*: nach dem beliebten »November«-Gedicht von Thomas Hood, mit Anspielungen auf William Blake, Dante und Baudelaire; *What makes that ship …:* Samuel Taylor Coleridge, »The Rime of the Ancient Mariner«, Part the Sixth; Siehe auch Alfred Lord Tennyson, »Odysseus«; *blotting-paper* (»Commercial traveller of blotting-paper«): In James Joyce's »Ulysses« ist damit in der Friedhofsszene Leopold Bloom gemeint.

Das Licht der Walverwandten: *Å:* Ort der südlichen Lofoten mit Stockfischmuseum und nicht weit davon mit Ausblick auf den Moskenstraumen, Edgar Allan Poes Mahlstrom. *liti Kjersti* ist eine Mädchenfigur aus einer mittelalterlichen norwegischen Ballade. *Wie plötzlich da zwei Schwerter*: Um 2000 machte in Nordnorwegen ein Schwertwalpaar von sich reden, das selbst in kleine Häfen »einlief«. Man nannte die beiden Nicky und Tipless. Das Gedicht schildert meine Begegnung mit ihnen.

Der Pottwal: *fremde Fühlung:* Goethe, »Selige Sehnsucht«; *Eriks und Brendans Segel*: der Wikinger Erik der Rote erreichte 950 Nordamerika; *Alabaster-Gel*: der Walrat ist eine fett- und wachshaltige Substanz im Kopf von Pottwalen, mit der sie ihre sonaren »Bilder« von der Welt erzeugen. *Das Andere der Nacht*: Hegel, »Phänomenologie des Geistes«.

Das Love-Ding geigelt: *geigeln* oder herumgeigeln heißt im Thüringischen Unfug treiben, im Wienerischen torkeln und schwanken; *Michael Braun* (1958-2022) war im deutschsprachigen Raum der Musenvater. *Das Love-Ding:* Monika Rincks herrlich fluider Essay »Ah, das Love-Ding!« (»Jeder Versuch, zwischen Innen- und Außenwelt zu trennen, führt in die Irre«, S. 85).

Die Oie: Der norwegische König *Olav Trygvasson* verlor im Jahr 1000 an der später durch eine Sturmflut untergegangenen Greifswalder Halbinsel eine Seeschlacht (siehe u.a. bei Snorri, Heimskringla). Der Name Greifswalder Oie geht noch auf das norwegische øya für Insel zurück.; *Ostseen* (im Plural) ist auch der Titel des Langgedichtes von Tomas Tranströmer. Der *Holmengang* ist eine altnorwegische Zweikampfsitte. Man begibt sich auf eine Landzunge, und wer zurückkehrt, ist Sieger. *Linie* heißt ein zum Reifen um die Welt verschiffter norwegischer Aquavit.

Inishglora: *Wiking-Baedeker*: »Konungsskuggsja«, der altnorwegische »Königspiegel«; *Croaghaun*: Berg auf Achill Island, mit 664 Metern bildet er auch die höchsten Klippen Irlands; *Fee*: hier die Banshee, auch in Gestalt von Kiebitz oder Käuzchen (in Irland eher Schleiereule).

Das war Jasconius: Jasconius ist der sagenhafte Fisch aus dem 10. Kapitel von Brendans Navigatio und oftmaliges Emblem alter Seekarten. Er scheint auch ein Bastard des Ouroboros zu sein: In der Alchemie steht der Ouroboros für die zyklische Natur des Universums. Auf den Jasconius bei Brendan nimmt auch Seamus Heaney Bezug in seinem Gedicht »The Disappearing Island«. *Faß anstatt der Leber:* der Riesenhai (Cethorinus maximus), friedfertiger Planktonfresser, größter Fisch des Tierreichs (8-12 Meter), wurde, besonders unterhalb von Achill Head von der Keem Bay aus, noch bis in die 70er-Jahre seiner Leber wegen gefangen, die viele Liter hochwertigstes medizinisches Öl enthalten kann. Vermutlich hintereinander auf dem Rücken schwimmende Tiere im Familienverband bildeten die legendäre Seeschlange. Der Riesenhai trägt an den Küsten Irlands verschiedene altirische Namen. Der überall übliche war liabhan greine: the great fish of the sun.

Wie Brendan: *Engelreisebuch*: St. Brendan habe, heißt es, das einzige Exemplar eines Buches über selige Inseln, Paradiese u.a. verbrannt, weil er nichts davon glaubte. Deshalb bekam er den göttlichen Auftrag für seine Navigatio, um selber zu sehen und das verbrannte Buch neu zu schreiben; *Zweig, der brennt*: eine

Insignie St. Brendans (siehe auch Christian Lehnerts Essay »Luzifers Engel«, in: »Ins Innere hinaus. Von Engeln und Mächten«, Berlin 2020).

Die Insel Vilm: Das Gedicht imaginiert auch ein im Krieg verschollenes Bild von Caspar David Friedrich, nämlich »Die Landschaft mit dem Regenbogen«, auf dem die Insel Vilm zu sehen ist vom Zicker'schen Höft/Mönchgut aus. *Rusch, Busch, Sand und Grant* ist aus einem Mönchguter Grundbuch von 1666. Vilm als ein Pilgerort Pommerns wurde im Mittelalter deshalb auch als ein sog. *Gnadenort* angesehen. In der »kleinen Eiszeit« von Dezember 1996 schoben bis zu 10 Meter hohe Eispackungen (siehe C.D. Friedrichs »Die gescheiterte Hoffnung«), hervorgerufen durch einen »blanken Hans« an der Nordsee, von der Südseite Vilms einige seit der Jahrhundertwende vermißte Findlinge wieder an den Strand und legten überdies Horte und Gebeine der mittelsteinzeitlichen Lietzow-Kultur frei. Hier wirkte das Prinzip einer sog. Selbstschutzküste. *Die heiligen Bäume:* diese Zeile spielt an auf Novalis: »Pflanzen sind gestorbene Steine.« *Was ich geschehen sah:* nach Seamus Heaney, The Disappearing Island: »All I believe that happened there was vision.« *Morgane:* (Morgana le Fay / Fata Morgana / Morrighan) vermag u.a. die »blutigen Gesichte« der Zukunft hervorzurufen, ihr Name bedeutet »Meerentstiegene«. Der *schwanke Pfad* ist der Kern eines altnordischen Kenningars und meint, ganz ähnlich auch bei den Kelten, den Regenbogen als einen Brückenpfad nach Åsegarten/Anderswelt. *Gefieder, Gangrän, hartgemuter Blust:* Anspielungen auf Inseln in Brendans »Navigatio« (XI., XVII.; XXIII., XXIV.; IX., XV. und XXV. Kapitel); »hartgemute Wolken« indessen schon bei Snorri Sturluson als Anspielung auf den »Geist«, also das Gehirn des Urriesen Ymir.

Rettungsfloß »Misere«: siehe auch W. Bartsch, Nachwort zu Wolfgang Hilbig, Werke Band 7, »Essays. Reden. Interviews«, S. Fischer Verlag Frankfurt a.M. 2021, und Wolfgang Hilbig, »Territorien der Seele«.

Hohe See: *tir na nOg* (altirisch): »Insel der ewigen Jugend« in der »Anderswelt« weit westlich von Irland; *Vom schwarzen Berg …*: (Navigatio Sancti Brendani, XXIII und XXIV).

Im Brandschweif des Kometen: *Mephistos Defilee:* in diesem Sonett einige Zitate und Anspielungen aus Goethe, vor allem aus dem Faust II. *Und hoch da droben:* Joseph von Eichendorff, »Der Jäger Abschied«.

Sonett aus Toten: *Windrispenband* (Ausgestrebtes etc.): aus der Tischlerfachsprache.

Corona: *Lepantoschlachten von Cy Twombly:* die zwölf Gemälde im Museum Brandhorst München. *umgekehrte hohe See:* siehe William Wordsworth, »Lines, Composed a few miles above Tintern Abbey«.

Auf hellem Saalefels: *Saalefels:* »An der Saale hellem Strande / Stehen Burgen stolz und kühn«, Lied von Franz Kugler; *auferstehn:* »Auferstanden aus Ruinen« von Johannes R. Becher; *Wald so hoch da droben:* Joseph von Eichendorff, »Der Jäger Abschied«; *Hokusai:* siehe etwa »Der Wasserfall des Buddha Amida-ga-taki im Kisogebirge« und »Die Große Welle von Kanagawa«; Anspielungen auf Paul Celan, »Fadensonnen«, und »The Darkness« von Lord Byron.

Hohe See und niemands Land: der Dichter *Robinson Jeffers* (1877-1962), erbaute nach dem Vorbild von William Butler Yeats' Thoor Ballylee sein Tor House in Carmel on the Sea, Kalifornien. *Plastikmüll:* »The Great Pacific garbage patch«; *Weltraumschleuse:* Jeffers-Herausgeber William Everson 1970: »Jeffers, however, broke through the stratosphere: he looked back at the earth from the blackness of outer space.«

Mitakuye oyasin: ist ein Ausspruch aus der Sprache der Lakotaindianer und bedeutet in etwa »Ich bin verwandt mit allem« und wird bei Schwitzhüttenaufgüssen gesprochen.

Die Zukunft geht am Stock: *Kraut- und Käferdränge:* Gottfried Benn, »September«. Das Gedicht bezieht sich auch auf die genannten Frauen, besonders aber auf die Frauen des Mutterhauses Elbingerode, bei denen ich im Sommer 2020 »sah«, was ich sah.

Drüber! Drüber!: *Drüber! Drüber!:* Sarah Kirsch, »Schneeweißer und Rosenrot«; *Axt:* siehe bei Franz Kafka; *Sherry:* Emily Dickinson in einem Brief über ihre Augenfarbe »like the sherry the guest leaves in the glass«. *Hünger:* Die Dichterin Nancy

Hünger. *Nachts kommt …:* Nancy Hünger, »4 Uhr kommt der Hund. Ein unglückliches Sprechen«, Dresden 2020.

Verstaubte Bibeln: Paraphrase zu Emily Dickinson, Gedicht Nr. 1545. Das Couplet bezieht sich auf den Schluss der Dichtung »Die Albigenser« von Nikolaus Lenau.

Osymandias: dieses Sonett von Percy Bysshe Shelley bot sich an dieser Stelle als »aufgeladene« Nachdichtung an für meine Recyclingmethoden á la T.S. Eliot in diesem Gedichtband.

Der Eisberg Ararat: Der *Ararat* ist eigentlich ein wasserloser und noch nicht erloschener Vulkan. Letzter Seitenwandausbruch war 1840.

Totengeistertreiben: *»Wo, Erde, sind die Toten …«*: Lord Byron, »The Vampyre«.

Axels Insel: der Germanist und Kulturpolitiker Axel Kahrs. *Wenn es kein Mensch war:* am 17.1.1973 zerfetzte eine SM70-Selbstschussanlage die Gliedmaßen des 26jährigen Ingenieurs Hans Franck aus Meißen, der dann im Dannenberger Krankenhaus seinen schweren Wunden erlag. Hans Franck war das erste Opfer dieser Mordanlagen.

Elbholznotizen: Siehe Goethe, »Faust I«, und Nicolas Born, »Entsorgt« und »Ein paar Notizen aus dem Elbholz«

Nach Cumae: *Sibylle*: Dieses Gedicht bezieht sich auch auf Petronius' »Satiricon« und auf das Motto mit der Sibylle von Cumae zu T.S. Eliots Gedichtband »The Waste Land«.

Kunstberg: siehe bei Paul Celan: »es sind / noch Lieder zu singen / jenseits der Menschen«.

Halloweenkrabben: Gecarcinus quadratus: YouTube: Naturphänomene Krabbenwanderung auf Kuba.mpg; *wie ein Kunst-Gedicht:* der Dichter Thomas Kunst.

Vulpus volatus: *Wüsten bergend*: Anspielung auf Friedrich Nietzsches »Dionysos-Dithyramben«; im couplet auf William Blake, »Weissagungen der Unschuld«, und Gerard Manley Hopkins, »Die Espen von Binsey«, dies siehe auch S. 95.

Hilbigs Boje: *Thietmar:* Bischof von Merseburg (975-1018), Verfasser der berühmten »Chronik«, in der der *See Golmuzi* erwähnt wird, der sich beispielsweise blutrot färbt, wenn Krieg droht. *Niemandsland der Produktionsfront:* Zitat aus Wolfgang

Hilbigs Erzählung »In der Schillerstraße«. *Deuben:* Ort eines großen Braunkohlenwerkes am südwestlichen Rand der mitteldeutschen Tagebaulandschaft. *Kumpeltodflasche:* »Kumpeltod« wurde in der DDR der 32%-ige Deputatschnaps genannt. *Kaschi* war Hilbigs Spitzname in Meuselwitz (nach seinem Großvater Kasimir).

Hochhalde Trages: *Róža:* die deutsch-sorbische Dichterin Róža Domašcyna.

Kessel von Estre: 1994 wurde in Südfrankreich die Grotte Chauvet mit ihren Felszeichnungen entdeckt.

Die Rune Isa: *Gaskkamus Kante:* Der Gaskkamus Viessogasgáisi ist ein Berg im Dreiländereck von Norwegen, Finnland und Schweden.

Auf Shakespeares Knochen: *Nevermore-Gekrächz:* E.A. Poe; *Leichen / Aussäen:* T.S. Eliot, »The Waste Land«.

Der große Wurf: *im schönsten Wiesengrunde:* Lied; *der große Wurf:* Schiller, »Ode an die Freude«.

Garinus, hilf!: *Betlèmwald:* beim barocken Kuks am Oberlauf der Elbe in Tschechien, wo der Bildhauer Matthias Bernhard Braun (1684-1738) einmalige Halbreliefs und Plastiken schuf, so den Einsiedler Garinus (1726), ein spanischer Mörder und Vergewaltiger, der später wegen seiner intensiven Buße zum Heiligen erklärt wurde.

Alter Sack: *Mr. Burns*: Figur aus dem »Simpsons«-Zeichentrickserie.

Narziss: siehe auch das 62. Sonett von Shakespeare.

Flügelwind: das Sonett spielt auch auf das Gedicht »Mitternacht« von Christian Lehnert und auf seinen Essay »Luzifers Engel« (»Ins Innere hinaus«, 2020) an, diese *Engelvögel* auch bei Brendan im XI. Kapitel seiner »Navigatio«. *Nowhereman*: Song von John Lennon, 1965.

Apropos Krieg: *Otto*: Der Komiker Otto Wahlkes in einem seiner Filme; *Ein Wörtlein*: siehe Martin Luthers »Ein feste Burg«.

Fantastic kill!: Kommentar eines Users auf Kanal 13 (Youtube unter »we drive insects ...« oder »An Ukrainian drone ...«); *Das Grausen:* Joseph Conrad, »Das Herz der Finsternis«; *erklär mir, Liebe:* das Gedicht von Ingeborg Bachmann; *Du bliebst ... treu*: siehe »Geistliche Lieder« (6) von Novalis.

Klefsan: *»Königspiegel«:* der norwegische »Konungsskuggsja« (um 1250), auch eine Art Ur-Baedeker Nordwesteuropas); *Yoricks Schädel*: siehe Shakespeares »Hamlet«, 5. Aufzug, 1. Szene.

Im »Endless Armageddon«-Shirt: *Pißstrahl knickte:* Die Toiletten in den Zügen der DDR mündeten über den so sichtbaren Schienen, deshalb war ihre Benutzung auf Bahnhöfen nicht gestattet.

Berg mit dem rötlich strahlenden Gipfel: Zitate und Anspielungen: Friedrich Schiller: »Der Spaziergang«, Henry David Thoreau: »Vom Spazieren«, Andrzej Stasiuk: »Die Welt hinter Dukla« (2000), »Der weiße Rabe« (1998) und »Landschaften und Luftinseln. Polnische Erzählungen der Gegenwart« (2000).

Farewell, du Menschenwelt: eine freie Nachdichtung des 66. Shakespearesonetts.

Enrosadira: Alpenglühen; siehe das 73. Sonett von Shakespeare (auch 1. bis 7. und 12.); *Laurin*: Zwergenkönig des südgermanischen Sagenkreises in Südtirol; *Möndin:* Selene, auch die südgermanische Mondgöttin Sinthgunt.

Abseitsgesegnet: siehe John Donne, »Der Floh«

Titania's Träume: *Prospero:* Shakespeares »Der Sturm«; *»Believe …«* und *»Then they will …«* auf englisch geschriebenes Gedicht Arno Schmidts aus dem Jahr 1933; *Titania's Träume*: Shakespeares »Sommernachtstraum« / Arno Schmidts »Zettels Traum«; *»Schlag nach«:* »Kiss me, Kate«, Musical von Cole Porter. *Weltbrandsheide:* Arno Schmidts Romane »Brand's Haide«, aber vor allem »Schwarze Spiegel«, »Seelandschaft mit Pocahontas«, »Zettel's Traum« und »Abend mit Goldrand«.

auf Hochsee aber, Herz: *Proust:* »Marcel Proust, un roman parisien«, Musée Carnavalet Paris 2021/22

Farewell, my love: siehe auch »Die Hymnen an die Nacht« von Novalis; krumme Meßgeräte: Novalis spricht auch von den »krummen Regeln« des schaffenden Geistes.

Wie die Mohawk: bezieht sich u.a. auf das Art Book »Ohen:ton Karihwatehkwen/Thanksgiving Address of the Mohawk« von Gunnar A. Kaldewey, New York, 2000, auf dessen Vermittlung hin wir 2013 den Nacherzähler der Ansprache, den Bärenclanältesten der Mohawk, Tom Shakokweniónkwas Porter, in Kanatsiohareke, NY, besuchten.

Im Leib, herzumgedreht: *Lilie:* siehe Shakespeares 94. Sonett, auch das 129.; *Lofot:* »Lófót« bezeichnete ursprünglich nur eine Insel und wurde später auf die gesamte Inselgruppe ausgedehnt. Es bedeutet auf norwegisch »der Luchsfuß«. *»tusen takk for maten«:* so bedankt man sich auf norwegisch fürs Essen. *viel lieber:* siehe auch Mechthild von Magdeburg, »Das fließende Licht der Gottheit«, II, 25 (»vil lieber«: Jesus Christus).

Die Mörderdüne von Skagen: *Holger Drachmann:* ein dänischer Erzähler und Maler. *Mølen* erstreckt sich ca. 50 km am Skagerrak, wo auch der Weltumsegler Thor Heyerdahl aufwuchs. *Ula Brand:* berühmter Lotse dieser Küste.

Fremde Fühlung: *festes Zeichen:* dieses Sonett ist auch eine Paraphrase zu Shakespeares 116. Sonett. *streckt sich:* Die tobende See! / Hinüber streckt nach Sado / die Milchstraße sich. (Matsuo Basho). *Fremde Fühlung:* siehe Goethes »Selige Sehnsucht«. *Novembernacht:* siehe mein Gedicht »Novembernacht in Ahrenshoop« im Band »Übungen im Joch« (1986).

Heimatinseln: *Telegraphenhügel:* in San Francisco. Siehe auch Shakespeares 116th sonnet.

durchs Schauerfeld: *Franziska:* Hauptfigur in Arno Schmidts »Zettel's Traum«, deren äußeres Urbild Schmidt dem Unterwäsche-Katalog MONA entnahm, das auf einem Foto ein Mädchen in einem roten Badeanzug zeigt; *Schauerfeld:* Handlungsort des 1. Buches von »Zettel's Traum«, ein von Schmidt so benanntes und käuflich erworbenes 9 m breites und 500 m langes baum- und buschbestandenes Feld bei Bargfeld. Der Name Schauerfeld bezieht sich auf die gleichnamige Erzählung von Friedrich Baron de la Motte Fouqué; *freudvoll:* siehe Schmidts Etymtheorie, die »Zettel's Traum« konstituiert und sich vor allem auf Sigmund Freud bezieht: *verzettelt:* siehe Shakespeares »Ein Sommernachtstraum« – Zettel am Schluß der 1. Szene des 4. Aufzuges; *Eigentum:* Schmidt bezahlte übrigens 1000 DM für sein Schauerfeld.

Ich danke Thorsten Ahrend, Michael Braun, Jürgen Engler, Peter Gosse, Nancy Hünger, Axel Kahrs, Wulf Kirsten, Michael Kleeberg, Thomas Kunst, Christian Lehnert und Thomas Thieme. Dieses Buch *verdanke* ich aber freilich vor allem Frauke und Shakespeare in love.

Inhalt

I

II

III

IV

V

Bibliografische Information der Deutschen Nationalbibliothek
Die Deutsche Nationalbibliothek verzeichnet
diese Publikation in der Deutschen Nationalbibliografie;
detaillierte bibliografische Daten sind im Internet
über http://dnb.d-nb.de abrufbar.

www.wallstein-verlag.de
Vom Verlag gesetzt aus der Stempel Garamond
Umschlaggestaltung: Eva Mutter (evamutter.com)
unter Verwendung des Gemäldes »DEEP SEA GARDEN 1«
von Carola Czempik
Druck und Verarbeitung: Pustet, Regensburg

ISBN 978-3-8353-5393-0